21世紀の国家論

終わりなき戦争とラディカルな希望

隅田聡一郎

講談社

はじめに　回帰する国家主権

　今からさかのぼること20年以上前、イタリアの哲学者アントニオ・ネグリと米国の政治哲学者マイケル・ハートは、21世紀の新たなグローバル秩序を〈帝国〉と名付けた[1]。〈帝国〉とは、主権国家間の対立を超えて形成されてきたグローバル資本主義の別名である。21世紀においては、国家主権よりも、ボーダーレスで中心性を欠いた権力のネットワークが世界秩序を構成しているとネグリたちは考えた。しかし、その後グローバリゼーションが進展するなかで、主権国家のシステムは揺らぐどころか、ますます強化されてきたように思われる。

　その背景には、世界金融危機以降、新興国を含めてグローバルなレベルで資本主義が「長期停滞」に陥っているという事情がある。資本主義経済の行き詰まりが国家主権の強化を促進し

1　アントニオ・ネグリ、マイケル・ハート（2003）『〈帝国〉』以文社

ているのだ。とりわけ先進国では、成長鈍化、格差拡大、債務増大を背景として、戦後に定着した政治的民主主義のシステムを疑問視するポピュリズムが台頭した。左右両極の政治勢力から、国内の雇用や社会保障を防衛するために移民の制限が主張されることが常態化しつつある。感染症の世界的大流行によって、私たちが迅速な国境封鎖やロックダウン、監視テクノロジーを採用する権威主義国家の「再評価」を迫られたことも記憶に新しい。

危機的状況はそれで終わることがなかった。私たちは、かつての「冷戦」を彷彿とさせる軍事紛争や国家間対立という古くて新しい政治課題に直面している。まるで20世紀に回帰したかのような国家主権の時代が到来しているのだ。ネグリとハートによる当初の観測は現実によって否定されてしまったようである。

2022年2月末に本格化したロシアのウクライナ侵攻は、世界中のリベラルや左派に対して主権国家の問題構成を改めて植えつける出来事となった。私たちはしばしば、気候変動やパンデミック感染症、軍事紛争において、政治的な立場やイデオロギーを問わず、これらの「緊急事態」に対処するよう求められる。各国が、2050年までに二酸化炭素排出量を実質ゼロにするための対策を至急講じなければ、人類全体はすでに始まっている気候危機に太刀打ちできない。COVID-19のような感染症のパンデミックを終息させるには、ワクチン接種やマスク着用では不十分であり、大都市を中心にロックダウンや外出禁止令を実施する必要がある。ウクライナの「人道危機」に対しては、「西側諸国」が連帯してロシアに対する経済制裁をおこない、一刻も早くウクライナに対する軍事支援をおこなわなければならない、といったように。

私たちが「緊急事態」に対処するために当てにしているのは、政治的立場に関係なく、あいもかわらず国家権力である。私たちの社会では、国家が最終的で絶対的な権威であり、「国際社会」においても世界政府が今のところ存在していない。国家以外には最終的で絶対的な権威が存在しないのだから、人類の存続がかかっている危機的状況を打開するために国家に頼らないわけにはいかない、というわけである。私たちは、「緊急事態」を前にすると、ふだんの日常生活では国家のことを特段気にしていない人でも、国家主権のロジックを内面化してしまうのだ。グローバリゼーションの進展は主権をめぐる私たちの思考枠組みを相対化することはなかった。むしろ、グローバル資本主義が生み出している「緊急事態」への対応策として、「国家主権」の枠組みで思考することを私たちに強制している。

たしかに、国家を中心とする私たちの思考モデルは、日々の生活実践に裏打ちされたものだ。私たちは実際に国家なしに自分たちの生活を営むことができない。国家の警察力なしに私たちのコミュニティの治安をどうやって維持するのか。私たちが教育や医療といった社会的なサービスを享受することができているのは、国家に支払う税金によってそれがまかなわれているからではないか。そもそも国家の構成員として、国籍を保持しているからこそ、安心して今の生活環境で定住できているのではないか。国家の存在を疑うだけで、すぐさまこうした反論が飛んでくるだろう。だが、それは、どれほどアカデミックな装いをまとっていたとしても、国家が歴史貫通的に人間社会にとって必要不可欠であることを意味していない。アナキズムや文化人類学の知見が示しているように、人間社会は国家に頼ることなしに、自治（オートノミー）を構成原理としていた地域や時代が数多く存在する。[2] 現代社会で私たちが国家なしに生活できないとすれば、それは端的に言って、私たちが国家を頼らずに自分たちで自分たちを統治する能力を奪われているからなのだ。

なぜ暴力の管理をコミュニティによる自警ではなく、国家の安全（公安）として組織する必要があるのか。福祉国家の社会的サービスだって、もともとは民間の共済組合が発明したシステムを国民単位で普遍化しただけのものではないか。どうして人々の移動や居住を国家が一元的かつ独占的に管理しなければならないのか。日本の戸籍制度のようなものは海外には存在しないし、国境の往来を示すパスポートも18世紀になって初めて登場したものだ。もっとわかりやすい例で言えば、災害時にむしろ国家が機能不全になり、たいていは統治者が無能であるがために、緊急事態に対処するうえで国家がほとんど役に立たないことがある。束の間のものであったとしても、危機的な状況下では、各人が社会の構成員としてより高い意識をもつような自治組織が、国家に代わって登場することさえある。[3]

たしかに私たちの日常生活は、ただ社会経済的に営まれるものではなく、政治的な領域において国家の意志や決断に左右される。国家を介してしか社会を組織できないのであれば、私たちは本当の意味で社会の主人公、つまりは主権者になることはできず、どこまでいっても国家による解決を最終的に期待するしかない。これが「国家主権」の内実であり、国家を批判するリベラルな論者でさえ、私たちの社会生活が国家なしに組織されていないことを理由に、さまざまな社会問題の解決を国家に頼ろうとする。だが、そもそも国家権力をつうじて気候変動やパンデミック、ひいては軍事紛争などを解決することが本当に可能なのだろうか。「21世紀の国家論」という壮大なタイトルを冠した本書で、私たちが問いたいことはこの一言につきる。

マックス・ヴェーバーの有名な定式にあるように、近代国家は、たしかに「正当な暴力行使を独占し」、中央集権的なかたちをとっている。しかし、国家は、あくまでもグローバルな資本主義システムを構成する権力関係の一つにすぎない。私たちは、何であれ新たな危機に直面すると、その解決策としていつも国家権力に頼ろうとする。それは、私たちがたんに国家権力にしか頼れない権力関係におかれてしまっているからだ。しかし、だからといって、「国家主権」をつうじてしか、グローバル資本主義が生み出す諸問題に対処することができないのだろ

2 ピエール・クラストル(1989)『国家に抗する社会』水声社、ジェームズ・C・スコット(2013)『ゾミア』みすず書房、デヴィッド・グレーバー、デビッド・ウェングロー(2023)『万物の黎明』光文社などを参照。
3 レベッカ・ソルニット(2020)『定本 災害ユートピア』亜紀書房、30頁

うか。そこにはきわめて一面的な思考モデルがみられる。

昨今のリベラルからマルクス主義者までの左派に共通するこうした見方は、二度の世界大戦に挟まれた戦間期を除くと、比較的新しい現象と言うことができるかもしれない。ネグリとハートのように、21世紀初頭にはむしろ、グローバル資本主義が進展するなかで、「主権」という政治概念から距離をとろうとする批判理論が展開されていた。とりわけ、カール・シュミットの「例外状態」や「敵対関係」といった政治概念は、国家主権や政治的民主主義に関する分析のために活用されてきた。本書では、筆者が専門とするカール（Karl）・マルクスと並んで、もう一人のカール（Carl）、シュミットの政治哲学を取り上げる。シュミットは、20世紀のドイツを代表する法学者・政治思想家である。[4] おもにヴァイマール共和国時代に活躍したシュミットは、ナチス体制下でその片棒を担いだカトリック保守主義者としても有名だ。戦後はパルチザンや地政学といった独創的なテーマについても著作を残している。1970年代に欧米の新左翼（ニュー・レフトと呼ばれ、共産党や社会民主主義などの議会政治を批判した）がその政治理論に着目したことで再評価され、現代思想や批判理論においてもよく言及されるようになった。

たとえばイタリアの政治哲学者ジョルジョ・アガンベンは、『例外状態』（2003）という著作において、シュミットの議論を主権批判の文脈で活用したことで話題になった。シュミットは、主権という政治概念を定義する際に、通常の状態ではなく、戒厳状態や戦争状態、そして独裁体制といった極端な状態を重視していた。西欧近代において確立された主権国家は、権力分立や市民権といった政治的民主主義のシステムによって合法的に権力を行使している。しかし、シュミットによれば、近代的法治国家の通常状態を考えるだけでは、主権という政治概念を定義することはできない。むしろ、主権者は、現行の法秩序が停止された「例外状態」においてこそ出現するのであり、何が「例外状態」なのかを決断する存在である。したがって、国家の主権は、法規範や秩序の観点からではなく、「無制限の権限」が生じる「例外状態」において定義されなければならないというのだ。

2001年のアメリカ同時多発テロ事件以降、各国が対テロ対策・戦争を遂行するなかで、アガンベンはシュミットの議論を発展させ、「例外状態」がもはや「通常状態」になっていると考えた。この「例外状態」の常態化によって、国家は自らの安全保障を第一義的に追求するセキュリティ国家へと転換したとされた。そこでは法＝権利システムは宙づりにされ、国家は無制限の権力を住民に行使することが可能となる。国家によって安全を保障されるべきはずの私たちは、じっさいには「例外状態について決断する」主権者によって生存を脅かされることになる。主権者が人民であることに根拠をもっていた政治的民主主義は空洞化していく。国家

4 その人物像について詳しく知りたい方は、以下の優れた入門書を参照のこと。蔭山宏（2020）『カール・シュミット』中公新書

こそが真に「主権者」なのであり、人民はむしろ権威主義的な政治体制に服従しなければならないというわけだ。最近でもアガンベンは、パンデミックを契機に「緊急事態」が永続化されてしまい、テクノロジーと保健衛生にもとづく専制政治が政治的民主主義に取って代わったと主張している。[5]

シュミットの政治理論は、「政治化の時代[6]」と呼ばれた20世紀後半において、すでに左派やマルクス主義者のあいだで受容されていた。当時、マルクス主義は根強く経済決定論として批判されていたが、それに対して「政治の自律性」を強調するために欧米の新左翼が「発見」したのがシュミットだった。シュミット自身は断固とした右派＝保守主義者であったにもかかわらず、である。というのも、シュミットはマルクス主義の「階級闘争」という考え方を高く評価していたからだ。シュミット自身、手紙のなかで「私はマルクス主義の経済的諸概念をその政治的帰結にまで跡づけた限りにおいてマルクス主義者である」と述べていたくらいなのだ。[7]シュミットにとって、マルクス主義の中心的概念である「階級」は、経済的関係をただ反映したものであった。だが、かたや「闘争」のほうは、現実的な敵に対抗するという意味で、まさしく政治的次元に位置づけられる。シュミットによれば、この点を他のマルクス主義者に比べてよりいっそう強調したのが、あのウラジミール・レーニンや毛沢東であった。国内の資本家であれ、外国の征服者であれ、彼らは「敵対関係」を絶対的なものと考えたとしてシュミットは賞賛した。フランスの哲学者であるジャック・デリダは、ここに極右と極左の隠れた同盟関係を見てとっている[8]。

1970年代以降に台頭した新自由主義の特徴を「階級権力の再生」に見いだすデヴィッド・ハーヴェイのように、「政治の自律性」は現代のマルクス主義者たちによって強く主張されてきた。彼らにとって重要なのは、国家主権をめぐって闘われる階級の対立あるいは敵対の関係であった。彼らの依拠していたマルクス主義のフレームワークが、階級権力やイデオロギーの機能を強調する「帝国主義」論や、人民主権を重視するポピュリズム論である。「政治の自律性」を主張するマルクス主義者たちからすると、ネグリとハートの反 - 主権論はきわめて説得力を欠くものであった。アメリカ帝国主義の特権性を否定した〈帝国〉論、そして階級や人民といったカテゴリーに代わる新たな変革主体としてのマルチチュードについての議論がそうである。ネグリとハートの議論は「政治の自律性」を否定した新しい経済決定論と考えられたのだ。この意味で、「政治の自律性」を重視するマルクス主義者たちは、シュミットと同様に主権的な思考モデルを打ち出している。

5　ジョルジョ・アガンベン（2021）『私たちはどこにいるのか？』青土社、第6章
6　丸山眞男（2014）『政治の世界』岩波文庫、69頁
7　ヤン＝ヴェルナー・ミュラー（2011）『カール・シュミットの「危険な精神」』ミネルヴァ書房、182頁
8　ジャック・デリダ（2003）『友愛のポリティックス1』みすず書房、141頁

しかし、私たちはここで一度立ち止まって政治的想像力を働かせる必要があるのではないだろうか。国家主権に固執することは、私たちの想像力をかえって貧しくさせてしまう。そもそもマルクスの思想であるコミュニズムは、ネグリとハートが〈帝国〉論でそれをヴァージョンアップさせようとしたように、トランスナショナルな資本主義に対抗するためのマニフェストではなかっただろうか。むしろ、シュミット的な国家主権が復活した時代においてこそ、「国家主権」に解消されない主権、すなわち〈帝国〉という「資本の」主権を分析する必要があるのではないか。というのも、マルクスの思想は、資本主義システムがグローバルな規模において、経済システムはもちろんのこと、それと同時に国家主権と諸国家システムをいかに再編成するかを分析したものだったからだ。

21世紀において、リベラルや左派は国家による資本主義の変革という期待と幻想にますます取り憑かれるようになった。本書の第一部では、こうした主権的思考モデルを相対化するために、マルクスの「社会の経済学《ポリティカル・エコノミー》」批判を再度検討してみたい。マルクスには経済の分析しかない、したがって国家や政治体制の分析がない、といった安直な誤解に対して、「政治の他律性」というマルクスに特徴的な政治概念を紹介する。ベルギーの政治学者であるシャンタル・ムフは、ポスト・マルクス主義者として、シュミットとともに、そしてシュミットに抗して「政治の自律性」を考察すべきだと考えた。[9] これに対して本書は、敵対関係や人民主権を強調するためにシュミットを「発見」するのではなく、むしろマルクスを歴史的コンテクストにおいて再発見し、マルクス（政治の他律性）とともに、シュミット（政治の自律性）に抗する必要性を強調したい。

マルクスの「社会の経済学《ポリティカル・エコノミー》」批判、日本ではマルクス経済学として知られる学問体系は、一般に「政治の自律性」を無視していると理解されている。しかし、近年では後述する「新マルクス＝エンゲルス全集（MEGA）」の刊行が進み、日本語でも読める『マルクス＝エンゲルス全集』（大月書店）に収録されていない草稿や抜粋・メモ等にアクセスすることが可能になった。そのことで包括的なマルクス像を明らかにすることはもちろん、19世紀のヨーロッパ社会史をマルクスの生涯の著作をつうじて垣間見ることができるようになったのだ。マルクスは、法学徒として出発しながら、ジャーナリストや政治活動を経て、経済学研究を本格化させたと言われる。しかし、あまり知られていないが、彼が20代半ばにすでに計画していた「社会の経済学《ポリティカル・エコノミー》」批判は、政治学や国家についての批判とセットで考えられていた。マルクスが分析した資本主義とは、たんなる経済の仕組みのことではない。マルクスにとって資本主義は、国家や政治諸制度を含みこんだ社会システムの全体として理解されているのだ。こうした問題意識から、近年英米圏において、その「政治的な」再解釈が進んでいるフランクフルト学派の批判理論を参

9　シャンタル・ムフ編（2006）『カール・シュミットの挑戦』風行社

照しつつ、「政治の自律性」ではなく「自律性の政治」という考え方の重要性を提起したいと思う。

第二部では、国家主権とは異なるマルクス独自の主権概念、すなわち「資本の」主権というフレームワークを提示する。本来、世界システムとして形成されてきた資本主義においては、主権概念の射程は狭義の国家主権を超えて、つまりは世界帝国へと拡張しうる。だが、マルクス主義においては、マルクスに独特な主権概念、つまり国家主権を超えた「資本の」主権に関する批判理論が十分に展開されてこなかった。そこで、マルクスとシュミットの邂逅を手がかりとしながら、マルクス主義を含めた伝統的な主権理論を再考してみたい。そのうえで、20世紀にシュミットが復活させた国家主権と資本主義システムの関係を明らかにするために、シュミットと相互影響関係にあるオルド自由主義、そしてフリードリヒ・ハイエクへと引き継がれた「権威的自由主義」の系譜を分析する。そうすることで、21世紀に復活しつつある国家主権の権力メカニズムを説明できると考える。

第三部では、気候変動や戦争といった複合的な危機がグローバルに遍在する21世紀には、文字通り惑星的な次元においても「主権の批判理論」が展開されなければならないことを指摘する。20世紀においては、マルクスの予測とは反対に、資本主義世界システムは、国家権力を相対化するどころか、むしろ国家間の地政学的対立を激化させた。冷戦崩壊以降も、ネグリたちが〈帝国〉と名付けた「資本の帝国」は、主権国家システムのみならず、それとは区別される圏域秩序を新たに生み出してきた。現実の資本主義は、国家主権を超越した時間的・空間的秩序、すなわち「地政学的システム」とともに発展してきたのだ。だが、21世紀のウクライナ戦争やパレスチナ戦争にみられるように、たんに国家や領土といった枠組みだけで地政学的対立を分析することはできない。現代の多極化する世界を把握するためには、「資本の帝国」、すなわちトランスナショナルな「資本の」主権というマルクス（主義）のフレームワークを刷新することが求められている。

21世紀の国家論——終わりなき戦争とラディカルな希望◉目次

第三部 惑星主権と「資本の帝国」

凡例　太字は著者による強調である。なお、引用文中の〔　〕は著者による補足であり、邦訳書を参照した箇所については適宜訳文を修正した。

第一部

資本と国家に抗するマルクス

第一章

資本主義はたんなる経済システムではない

マルクスへ帰れ、しかし19世紀のマルクスに

20世紀に世界中を席巻したマルクス主義は、社会の変革を考えるうえで国家主権や政治的権力の役割を重視してきた。政治的立場の違いはあれ、実際にはシュミットと思考モデル（Denkfigur）を共有していたのだ。[10] 最も顕著なのは、20世紀後半にはいって、体制内化したマルクス主義をさらに批判した新左翼であった。かれらは、マルクス主義の経済決定論を否定するために、シュミットを介することでマルクスにおける「政治の自律性」を強調した。しかし、本書で試みたいのは、国家や政治の自律性を強調する「20世紀のマルクス主義」に抗して、19世紀のマルクスを救出することである。

こう言うと、マルクスという「亡霊」をまた呼び起こすのかという反論がくるかもしれない。冷戦崩壊以降、マルクス主義に対するアレルギーが薄れてきた現代では、資本主義が危機的状況に陥るたびに「マルクスへ帰れ」と叫ばれるようになった。フランスの経済学者トマ・ピケティのように、「資本」や「イデオロギー」といったマルクス主義のタームを書物のタイトルに冠するのも珍しいことではなくなった。Z世代の若者を中心に、世界中の左派活動家の

あいだでも、マルクス主義のさまざまな思想が再び着目されるようになっている。だが、筆者のように新資料（マルクスの草稿ならまだしも抜粋ノートまで！）にもとづいてマルクス研究をおこなっていると、しばしば次のような疑念を向けられる。また新たなかたちでマルクスを神格化しているだけではないか、21世紀になってマルクスを読み返すことに何の意味があるのだろうか、と。

　近年のマルクス研究で重要視されているのは、MEGA（Marx-Engels-Gesamtausgabe の頭文字をとった略称）と呼ばれる「歴史的‐批判的」全集である。MEGAにもとづく文献学的研究の意義は、著者であるマルクス（そして盟友フリードリヒ・エンゲルス）の思想を19世紀のヨーロッパ社会において「歴史的コンテクスト化」することにあった。近年の文献学的研究では、主要著作のみならず、マルクスが自らの勉強や草稿を作成する際に書き留めていた引用抜粋やメモが注目されている。この抜粋ノート研究の特徴は、マルクス自身が取り扱っていたが、その後は忘れ去られたような原典を再発見し、じっさいに**丹念に**読み直すことにある（19世紀ドイツの農学者カール・フラースや法制史家ゲオルグ・ルートヴィヒ・マウラーなど）。

　マルクスらに向けられた第三者からの手紙という新資料も重要だと考えられている。というのも、かれらが当時の言説空間においてどのような位置を占めていたのかを再考することがで

10　A. Neupert-Doppler (2015) *Utopie: Vom Roman zur Denkfigur*, Schmetterling, Stuttgart.

きるからだ。それゆえ、マルクスとエンゲルスの手紙だけから一方的に他のグループの社会主義者たちの言説を判断することはもはや許されない。私たちは当時のマルクスとエンゲルスの往復書簡を読むと、なにかマルクスたちの側に科学的真理があって、他の社会主義者や労働運動家が誤った認識をもっていたという印象を受けがちだ（実際にはマルクスとエンゲルスの明らかな立場の違いも見てとれるのだが……）。だが重要なのはむしろ、かれらの**党派的な**政治活動が19世紀のヨーロッパ社会においてどのようなコンテクストにあったのかを理解することである。

ドイツ国内はもちろん、ヨーロッパ各国の社会主義グループとマルクスたちがどのような思想や革命観を共有しており、そのうえで何をめぐって対立していたのか。それは、たんなる歴史上のエピソードなどではない。MEGAにもとづく歴史的研究によって、当時の社会主義者やアナキストの言説空間において、必ずしもマルクスらが特権的地位を占めているわけではないことが明らかになるのだ。戦間期のドイツで活躍したマルクス主義哲学者のカール・コルシュが強調したように、マルクス（そしてエンゲルス）は19世紀ヨーロッパの数ある社会主義者たちの一人にすぎない。マルクスを再発見することは、19世紀の**ひとりの**社会主義者としてマルクスを救出することである[11]。

よく誤解されることだが、マルクスの文献学的研究はマルクスの神格化とは関係ない。むしろその逆だ。というのも、MEGAで新資料が刊行されることでマルクスの「社会の経済学《ポリティカル・エコノミー》」批判が未完であることが明らかになり、「マルクス経済学」や「科学的社会主義」の体系が相対化されるからである。

社会主義的ユートピアンとしてのマルクス

マルクスは、20世紀に成立した「現存社会主義（理念上の社会主義ではなく、**現実に存在**した社会主義のこと。あくまでも資本主義の一類型にすぎないという含意がある）」の権力作用によって、共産主義国家なるものを建設しようとした「政治革命」家だと考えられている。けれども、マルクスの思想を19世紀において競合していた社会革命家たちの言説空間に位置づけ直してみよう。そうすると、シュミットや彼に影響を受けた新左翼にみられるような、主権論的な思考モデルとは無縁であることがわかる。

マルクス（そしてエンゲルス）が掲げたコミュニズムの基本的特徴を今一度思い起こしてほしい。「自由な諸個人による自由な連合 Verein〔アソシエーションのこと〕」、国家の死滅、家族の絶滅、「自由の国 Reich」、無階級社会……。こうした未来社会に関する思考モデルは、20世紀に普及したマルクス主義の政治革命観、つまり主権論的思考モデルからほど遠いものだ。それはむしろ、19世紀の社会主義者たちに共有されていた、アナキズム的な思考モデルである。アメ

11　K. Korsch (1970) »Zehn Thesen über Marxismus heute«, in: Gerlach, E., Seifelt, J., *Politische Texte*, Frankfurt/M. und Köln.

リカのマルクス主義批評家フレドリック・ジェイムソンが述べているように、マルクスが掲げたアソシエーションというユートピア的ヴィジョンは、アナキズムのそれとほとんど見分けがつかない[12]。つまり、19世紀を生きたマルクスの資本主義批判は、政治的権力の奪取による社会構造の変革といったヴィジョンをはるかに超え出ているのだ。

しかし、20世紀マルクス主義の政治革命観は、こうした未来社会に関する思考モデルを粉砕してしまった。じじつ「現存社会主義」は、自らの政治体制を維持・強化するだけで、国家が死滅した無階級社会までの道程についてはそれ以上考えることがなかった。したがって、「現存社会主義」という政治体制をユートピア社会主義が現実化したものと捉えてはならない。たしかに「現存社会主義」は、マルクスが考えたアソシエーション型社会主義と対置されるかたちで「国家社会主義」と理解されることもある。だが、それは「国家」が残存している限りにおいて19世紀的な意味での社会主義とはほど遠く、むしろ資本主義の一類型、すなわち国家資本主義（いわゆる自由市場・私的経営よりも国家が中心的な役割を果たす資本主義のこと）であったと言えよう[13]。

本来はマルクス主義も共有していたはずのアナキズム的思考モデルは、21世紀という国家主権が復活した時代に生きている私たちには、ほとんど想像することができなくなっている。そうであるならば、21世紀になってもマルクスを再読することに何の意味があるのだろうか。

かつて日本でもそう主張されたように、資本主義システムについての学問的知識を深めるためではないのは明らかだ。人文社会科学の基礎としてマルクスの古典を読むことにほとんど意味はない。たしかにマルクスの「社会の経済学《ポリティカル・エコノミー》」批判は、資本主義の経済システムを客観的かつリアルに描き出している。しかし、そのいわば「科学的」性格（生産手段の有無に基づく階級規定、剰余価値学説による搾取の証明など）を強調するだけでは、マルクスのコミュニズム論がもつ射程を理解することはできない。マルクス主義は、20世紀以降になると、資本主義の発展によって社会主義が到来する科学的必然性を強調した学説と理解されていった。これに対してエルンスト・ブロッホやヴァルター・ベンヤミンといった戦間期ドイツのマルクス主義思想家たちは、マルクス主義を含めた、19世紀に固有の社会主義を救出しようとした。かれらはナチズムの台頭に対抗できないドイツの社会民主主義者たち（エンゲルスの直系にあたる）を強く非難し、マルクス主義を再活性化させるために19世紀に回帰していった。21世紀の私たちもまた、19世紀以前の社会主義者や社会革命家に好まれたユートピア的思考モデルに立ち返り、新しいマルクスの読み方をさぐる必要があるだろう。

12　フレドリック・ジェイムソン（2015）『21世紀に、資本論をいかによむべきか？』作品社、237頁

13　和田春樹は、マルクス主義の主張がユートピア社会主義の延長にあることを正しく理解しながらも、ユートピア社会主義のヴィジョンが本来は「現存社会主義」からかけ離れたものだったことを見落としている（『歴史としての社会主義』岩波新書、１９９２年、第３章）。

マルクスの「社会の経済学《ポリティカル・エコノミー》」批判とは何だったのか

20世紀のマルクス主義は、「現存社会主義」という国家体制を正当化する「共産主義的世界観」をつくりあげてきた。だがそれは、19世紀のマルクスが他の社会主義者たちと競ってその「科学化」を試みた無国家社会からほど遠いものだった。冷戦崩壊後に「資本主義だけが残った」（ミラノヴィッチ）とされる現代では、「現存社会主義」を未来社会への移行過程として正当化する必要もなくなった。私たちが生きているのは、「資本主義の終わりを想像する」ことが無条件に禁止されているような世界である。その意味で皮肉にも、「共産主義的世界観」は、資本主義の永続化に一役買ったと言えるかもしれない。というのも、19世紀社会主義のユートピア的思考モデルを葬り去ったからである。つまり、資本と同時に国家を超越した社会システムという社会主義的ユートピア思想が、その継承者であったはずのマルクス主義によって現実に否定されてしまったのだ。

よく誤解されているが、20世紀に誕生した「現存社会主義」は社会主義の一類型などではなかった。それは今から見ると、旧植民地国が独自に経済発展を遂げて資本主義へ移行するための社会システムにすぎなかったのだ。[14] 20世紀のマルクス主義は、社会革命の手段としての政治的権力を一番に重視する主権的思考モデルを特徴としていた。そのため、社会主義的ユートピアを実現するどころか、第三世界の国家資本主義を正当化することにおおきく寄与することになった。

これに対して、19世紀の社会主義者たちのあいだでは「政治革命は手段、社会革命が目的」（ルイ・ブラン）という考え方がひろく共有されていた。[15] 社会主義を支持する者であれば誰しも、資本家になって資本主義を変えようとはしないだろう。それと同様に、19世紀には「政治革命」、つまり国家の担い手になって資本主義を変えようとする社会主義者はきわめて少数派であったのだ。「現実に存在した」社会主義の歴史をふまえると、20世紀のマルクス主義が強調するようになった「政治革命」を、社会革命の手段として正当化することはもはやできない。米国の政治社会学者であるシーダ・スコチポルが述べたように、政治革命は必ずしも社会構造を転換するわけではなく、むしろ新たに成立した体制のもとで国家権力を強化した。[16] たとえば、旧ソ連や中国といった「現存社会主義」は、政治革命による資本主義システムの変革を最重要課題としていたが、その帰結は国家資本主義という新たなタイプの資本主義を再生産しただけであった。国家を中心とするポリティクスは、社会主義の自然発生的な運動を、絶えず

14　ブランコ・ミラノヴィッチ（2021）『資本主義だけ残った』みすず書房、90頁
15　森政稔（2023）『アナーキズム――政治思想史的考察』作品社、203頁
16　T. Skocpol (1979) *States and Social Revolutions: A Comparative Analysis of France, Russia and China*, Cambridge University Press, Cambridge.

資本との妥協および和解へと引き寄せてしまうというわけだ[17]。

だが、マルクスのコミュニズムは、資本を国家によって管理することを目的とした政治革命などではない。そうではなく、資本と同時に国家に「抗する」社会革命を目指したものだった。ただし、これはマルクスが晩期になって反国家主義者に転向したといった、たんなるエピソードとして理解することはできない。マルクスの「社会の経済学《ポリティカル・エコノミー》」批判は、そもそも「マルクス経済学」とはまったく違って、たんに資本主義という経済システムを分析したわけではなかった。むしろ、国家や政治的制度を含んだ社会システム全体に対する批判であったのだ。

マルクスの「社会の経済学《ポリティカル・エコノミー》」批判は、一般には、狭義の経済システムを分析した学問として、つまり「マルクス経済学」として理解されてきた。現代の経済学（エコノミクス）がそうであるように、経済の自律性（オートノミー）[18]を前提としており、国家や政治的制度に対する考察を欠いていると考えられてきたのだ。たしかによく指摘されるように、マルクスは国家に関する体系的な著作を残したわけではない[19]。だが、マルクスの「社会の経済学《ポリティカル・エコノミー》」批判は、むしろ経済学という学問が「経済の自律性」を暗黙の前提にしてしまったことを批判したものだった。マルクスのプロジェクトは、他の社会主義者と同様に、社会革命、つまり社会そのものの変革・転換であったのだ。19世紀の社会主義者たちはみな、いわば「社会の自律性」を徹底化させることで国家の死滅を展望した。国家を必要とすることなく、社会それ自体を原理とするような世界を夢見たのだ。かれらが社会の経済学《ポリティカル・エコノミー》を研究したのは、無国家社会というユートピアを科学化するためであった。マルクスをはじめ、社会主義者が社会の経済学《ポリティカル・エコノミー》を批判する場合、その対象は狭い意味での経済領域ではなく、総体としての社会システムに向けられている。

フランクフルト学派の批判理論を再考する

「現存社会主義」体制やマルクス（＝レーニン）主義が影響力をもつなかで、20世紀にもマルクスの「社会の経済学《ポリティカル・エコノミー》」批判を科学的社会主義から区別しようとする試みがあった。戦間期のドイツで同じ問題意識をもちながらも、幅広い学問領域にわたって研究集団として形成されたフランクフルト学派のことだ。かれらの研究拠点であった「社会研究所」という機関の名称に表れているように、マルクスの「社会の経済学《ポリティカル・エコノミー》」批判は社会システム総体を包括する射程をもつと考えられた。しかも、マルクス**自身の**批判理論は、社会の経済学《ポリティカル・エコノミー》のみならず、「マルクス

17　J. Holloway (2016) *In, Against, and Beyond Capitalism: The San Francisco Lectures*. Oakland, CA: PM Press, p.107.
18　本書で言うオートノミーとは、それ自身（ここでは経済）の原理によって秩序が形成されていることを意味する。
19　マルクスの国家批判が「社会の経済学《ポリティカル・エコノミー》」批判において中心的な課題であったことについては、拙著『国家に抗するマルクス』（堀之内出版、2023年）の「はじめに」を参照。

経済学」にもその批判の矛先を向けるはずだとされた。かれらにとって、マルクスの議論は、たんに資本主義システム一般を批判したものではない。たとえば、戦間期のドイツで問題となったテーマは、ファシズムと資本主義がいかに共生しうるのかというものだった。マックス・ホルクハイマーの「後期資本主義」（19世紀までのいわゆる自由資本主義と異なり、官僚制や国家によって組織された資本主義のこと）の分析に大きな影響を与えたフリードリヒ・ポロックは、いち早く「国家資本主義」論を展開したことで知られる。ファシズムはもちろんのこと、スターリン主義のような政治体制もまた、資本主義システムの亜種として批判の対象とされたのだ。

一般にフランクフルト学派は、資本主義という経済システムの批判というよりも、いわば資本主義の「上部構造（経済の上にそびえ立つ領域を意味するマルクス主義の用語）」に着目した研究と理解されている。つまり、「道具的理性」（近代以降の「理性」が実は自然や社会を支配する道具となってしまったことを批判する概念）[20]を批判する歴史哲学、精神分析を活用したパーソナリティ研究、そして文化産業や反ユダヤ主義などの問題領域のことだ。フランクフルト学派の批判理論は、マルクスの『資本論』（1867）を経済決定論として否定したかのように理解されてしまっているが、それは正しくない。テオドール・アドルノに大きな影響をあたえたルカーチ・ジェルジュ[21]やアルフレート・ゾーン＝レーテル[22]は、『資本論』の中心概念である物象化および物神崇拝に焦点をあてた。かれらはみな、マルクスの「社会の経済学《ポリティカル・エコノミー》」批判を「伝統的マルクス主義」の学説（労働や階級に焦点を当てるマルクスの読み方）から救出することで、それが本来もっている社会総体への批判的ポテンシャルを復権させようとしたのだ。[23]

フランクフルト学派が自分たちの理論を「批判的」と定義したのは、マルクスが『資本論』で社会の経済学《ポリティカル・エコノミー》を批判したのとまったく同じ理由であった。フランクフルト学派の批判理論は、その経済決定論や階級還元論を理由に、マルクス主義の学問体系をむしろ「伝統的理論」に位置づけた。なぜなら、マルクス経済学にみられるように、「経済の自律性」という思考モデルを社会の経済学《ポリティカル・エコノミー》と事実上共有していたからだ。だが、近年の英語圏で着目されているように、フランクフルト学派の批判理論は、マルクスの「社会の経済学《ポリティカル・エコノミー》」批判そのものを捨て去ったわけではない。[24]むしろ、そのポテンシャルを狭義の経済領域のみならず、国家や政治的制度を含めた社会システム全体への批判に拡張しようとした試みであった。20世紀の「科学的社会主義」をも批判の対象とする社会理論として、いわば19世紀の社会主義のプロジェクトを復活

20　ホルクハイマー、アドルノ（2007）『啓蒙の弁証法』岩波文庫

21　ハンガリー出身の哲学者で、G・W・F・ヘーゲルをはじめとするドイツ観念論がマルクスの「社会の経済学《ポリティカル・エコノミー》」批判の方法論前提にあることを主張した。主著に『歴史と階級意識』（1923）などがある。

22　ドイツ出身の哲学者で、カントの認識論とマルクスの「社会の経済学《ポリティカル・エコノミー》」批判を結合することで、「実在的抽象」という概念を提起した。戦中からファシズム体制下の経済分析をおこなったことでも知られる。主著に『精神労働と肉体労働』（1970）などがある。

23　モイシェ・ポストン（2012）『時間・労働・支配——マルクス理論の新地平』筑摩書房、10頁

24　以下の入門書からは、英語圏におけるフランクフルト学派批判理論の現代的展開を知ることができる。B. Best, W. Bonefeld, C. O'Kane (2018) *The SAGE Handbook of Frankfurt School Critical Theory*, SAGE Publications Ltd, London

させようとしたのだ。

フランクフルト学派の批判理論が、マルクスの「社会の経済学《ポリティカル・エコノミー》」**批判**に着目したのは、史的唯物論（社会システム全体の土台を諸個人がとり結ぶ生産関係に見出す考え方）のパラダイムを再構成するためでもあった。マルクス経済学や史的唯物論の教科書では、労働の観点から生産様式や社会システムを把握した最初の人物は、マルクス（とエンゲルス）であったと肯定的に記述される。だが、このパラダイム自体はマルクスのものではなく、むしろマルクスに先行する社会の経済学者《ポリティカル・エコノミスト》に特徴的な考え方だった。

18世紀以降、イングランドやフランスの経済学者（現代のエコノミストではなく、社会全体を問題にしようとした「ポリティカル」エコノミスト）たちは「商業社会」や「文明化された社会」の名のもとに、市場のダイナミズムによって駆動する社会システムを分析した。アダム・スミスが、富を「国民の労働によって生産される生活必需品や便益品」と定義したことはよく知られているだろう。社会の経済学《ポリティカル・エコノミー》において、労働の産物である品物が貨幣を介して交換される市場は、社会システムとして考察されている。市場は、たんなる財やカネの集合体ではなく、まさに人間たちの労働によって構成され再生産されているというわけだ。マルクスも、このようなスミスの労働価値説やそれをより体系化したデヴィッド・リカードが、労働の観点から市場＝社会（以下、本書では市場を中心に組織されている社会を市場社会と名付ける）を把握したことを高く評価していた。他方で、マルクスはそれと同時に、かれらが市場社会を暗黙の前提としたことを批判してもいる。

形態＝権力という概念

市場社会はたしかに人間たちの労働によって構成される。だが、市場社会はつねにすでに人間たちによって操作可能なものではなくなっている。ここに、先行する社会の経済学者《ポリティカル・エコノミスト》との大きな違いがある。マルクスにとって市場とは、商品や貨幣といった労働生産物、つまりモノが人間たちを支配する転倒したシステムのことである。マルクスの議論の特徴は、主体としての労働が客体としての商品において現象することで、商品の交換力、つまり価値という独自な権力が社会システムを構成するという点にある。

マルクスは、たんに労働の産物にすぎないモノが、商品という形態をとるがゆえに社会全体を貫通する権力をもつようになること、つまりモノの「形態」が規定的な力をもつにいたることを、ヘーゲルの概念を用いて「形態規定（Formbestimmung）」と呼んだ。この概念は、現代の「マルクスの読み方」においては共通の了解事項となっているが[25]、ジャーゴンめいている言葉な

25 『資本論』の現代的な読み方については、以下の著作がスタンダードな解釈となっている。ミヒャエル・ハインリッヒ『『資本論』の新しい読み方』堀之内出版、２０１４年

ので説明が必要だろう。

マルクスによれば、社会の経済学者《ポリティカル・エコノミスト》たちは商品が労働の産物であることを発見したが、なぜ労働生産物が商品という形態をとるのかを不問にした。労働生産物は、たんなる品物として、いわば中立的な存在として市場で取引されるわけではない。それは、人間たちの特定の能動的な関わり（ふるまい）によって商品という形態を与えられ、独自の権力をもつようになる（以下では、形態規定を形態＝権力と言い換えよう）。その結果、客体の「形態＝権力」が主体に対して特定の受動的な関わりを強制するという逆転現象が生じる。人間たちは、本来は自分たちの社会を再生産するために労働をおこなっていたのに、労働の産物が商品という形態をとるや否や、商品の交換力のみを求めて労働するようになるといったように。だが、ここで注意が必要である。労働や生産といった次元から構成される形態＝権力のシステムは、「マルクス経済学」が考えたように何も経済の領域に限ったことではないのだ。

マルクスが考察の対象とした社会の経済学《ポリティカル・エコノミー》は、そもそも経済システムを分析した学問ではなかった。とはいえ、「エコノミー」に冠された「ポリティカル」とは、よく誤解されているような政治領域のことではない。そうではなく、経済と政治の両者を包括する社会全体を表すカテゴリーとして理解してほしい。たとえば商品や貨幣といったカテゴリーは、たんに経済システムを叙述するためのものではない。マルクスの「社会の経済学《ポリティカル・エコノミー》」批判は、経済的カテゴリーの批判が、同時に、現実の社会システム全体の批判と結びついているという点に特徴がある。

学問上のカテゴリーの批判が、現実の社会システムの批判と切り離せないとはどういう意味なのか。ここに、マルクスの思想体系が現代では抽象的でわかりづらいと思われる原因があるだろう。『資本論』で考察される経済的カテゴリーは、たんなる理論上の概念規定なのではなく、同時に、社会システムを現実に構造化するような権力のシステムを意味している（したがって、経済的カテゴリーが経済的な形態＝権力と同義に用いられることもある）。どういうことなのか、詳しく説明していこう。

マルクスは、社会の経済学者《ポリティカル・エコノミスト》が人間社会の再生産を労働の観点から把握したことを高く評価していた。社会の経済学《ポリティカル・エコノミー》という学問体系は、資本主義を正当化する「ブルジョワ的」イデオロギーなどではない。そうではなく、むしろ資本主義社会のもとで客観的に妥当するような思考形態であった。だが、社会の経済学者《ポリティカル・エコノミスト》は、資本主義社会にのみ通用する経済的カテゴリーを、あまねく社会において妥当するカテゴリーとして自然視した。その背景には以下の事情があった。

市場社会が発展すると、労働生産物を商品として交換することが人間たちにとって暗黙の前提となる。その結果、人間たちは価値という交換力が労働生産物の自然的力であると錯覚してしまう。こうした事態をマルクスは物神崇拝（フェティシズム）と呼んだ。フェティシズムは、商品のレベルのみならず、貨幣（どんな商品とも直ちに交換できる力）や資本（自動的に増殖していく力）といったより高度なレベルにおいて深化していく。すべての力の運動が、人間たちの関わりによるものではなく、あたかもモノがもつ自然＝本性に由来するかのように。だが、経済的カテゴリーを自然視することで生じるフェティシズムも、たんに誤った思考形態なのではない。むしろ、モノが自然に力をもつという幻想は、人間が商品や貨幣に依存して社会的な生産を組織する限りにおいて、それ自体リアルなものである。[26] 現実の社会システムは、なにも思考を停止させた人間たちによって動かされているわけではない。そうではなく、あたかもモノが自然に力をもつ**かのように考える**人間たちの関わりによって、構成され操作されているというわけだ。

アドルノの「総体性としての社会」

マルクスによれば、社会の経済学者《ポリティカル・エコノミスト》は、人間社会の再生産が労働によって構成されることを発見したが、社会システムそのものが商品交換をつうじて独自な形態＝権力をもつことを無視した。市場社会は、人間たちにとって「自然な」（人間本性にふさわしいという意味で）社会ではない。むしろ人間たちが支配され操作されてしまう特殊な社会である。

たしかに、あらゆる人間社会は、総労働の配分と総生産物の分配を適切に営むことに失敗すると、存続することができない。たとえば、社会のメンバーを１００人とすると、かれらが一日に遂行できる労働には限りがある。１００人全員が労働できるわけではないし、一日24時間のうち労働以外の活動（食事や休息、余暇など）にも時間を割く必要がある。また、社会を再生産するためには、奢侈品ではなくまずもって生活必需品が生産されなければならない。生活必需品が社会のメンバーにきちんと分配されなければ、端的に人間が餓死してしまうからだ。これが社会の経済学《ポリティカル・エコノミー》とマルクスに共有された問題構成であった。

だが、市場社会の特徴は、市場の自由競争以外に社会の再生産を規制する原理が存在しないという点にある。というのも、専制主義や封建制とは異なり、伝統や権威によって共同体のメンバーに労働を割り当てることがもはやできなくなっているからだ。したがって、社会の再生産は、もっぱら商品や貨幣といったモノの形態＝権力によって構成されるしかない。こうして社会は、市場という強制関係におかれた個々の人間たちによって構成されながらも、全体として個々の人間たちを超越した機構となる。

アドルノは、この超個人的なシステムとしての社会を、ヘーゲルの概念を用いて「総体性 Totalität」としての社会と呼んだ。この社会的カテゴリーは、マルクスの「社会の経済学《ポリティカル・エコノミー》」批判がもっている本来のポテンシャルを理解する助けとなるものだ。ユダヤ人でもあったアドルノは、亡命先の米国で「社会研究所」に参加し、ホルクハイマーと『啓蒙の弁証法』を書き上

26　このことは、すぐ後でみるように、アドルノが自身の社会学演習で強調していたことだった。T. Adorno (1962) »Über Marx und die Grundbegriffe der soziologischen Theorie. Aus einer Seminarschrift im Sommersemester«, in Hans-Georg Backhaus, *Dialektik der Wertform. Untersuchungen zur marxschen Ökonomiekritik*, Freiburg: ça ira, 1997

げたが、西ドイツへ帰国した1950年代以降、大学教育に力を入れるようになった。彼の「社会学」や「哲学」に関する大学の講義や演習では、マルクスの「社会の経済学《ポリティカル・エコノミー》」批判の重要性が事あるごとに強調されていたという。なぜなら、学生運動の高揚のなかで、マルクスの資本主義批判がどこまでアクチュアルなのかという問題が彼の学生たちから提起されていたからだ。[27]その意味で、アドルノの哲学体系は、マルクスの「社会の経済学《ポリティカル・エコノミー》」批判にインスパイアされた自身の社会学体系と切り離すことはできない。じじつ、アドルノは、主著の『否定弁証法』とならんで、『統合－脱統合』というタイトルで社会理論の著作をまとめようとしていたと伝えられている。[28]

アドルノによれば、「総体性」として成立している社会とは、個々の人間の集合体のことでも、個人とまったく無関係な実体のことでもない。社会は、何らかの人間の行動を（その結果を表すデータとともに）ただ寄せ集めたものではありえない。個々の事実は、社会総体の内部でしか意味をもたないのだ。[29]だが他方で、社会は、かつての人間たちが崇拝していた神や自然とは別の「前提」、つまり個人から絶対的に超越した存在物でもない。「総体性」として社会が構成されるようになるのは、市場、すなわち人間の社会的再生産を媒介する商品交換が全面化したからだ。商品交換によって生産および再生産が組織される社会では、人間たちは意識しようがしまいがお互いに商品の形態＝権力に服従するしかない。「個人は否応なしに価値法則の執行人であるかぎりにおいて自由ではない」[30]。ただし、人間たちはまさに商品の担い手として、その限りにおいては「自由な」主体としてふるまうことができる。それゆえ、ブルジョワ社会（ヘーゲルによって定式化された経済社会のことで本書では市場社会と同義）は、商品交換をつうじて誰もが「自由な主体」として行為するという見かけを呈する。こうして人間は誰もが生まれながらにして自由にその人格を処分できるという新たな幻想が生まれる。これはソ連の法学者エフゲニー・パシュカーニスが法フェティシズムと呼んだものだ。[31]

だが、貨幣や資本のフェティシズムと同様に、法のフェティシズムも誤った思考形態ではない。「自由と平等のシステム」というブルジョワ社会の見かけもまた、幻想であると同時にリアルなものである。なぜなら、フェティシズムは、行為する人間たちの思考形態を現実に支配しているからだ。

しばしば誤解されているが、アドルノの物象化論はたんに交換の次元に焦点を当てたものではない。アドルノは、マルクスと同様に、商品や貨幣の形態＝権力がいかにして人間たちの関わりを強制するのかを分析した。だが、それだけではない。アドルノは、この形態＝権力が、

27 シュテファン・ミュラー＝ドーム（2007）『アドルノ伝』作品社、564頁
28 表弘一郎（2013）『アドルノの社会理論』白澤社、24頁
29 テオドール・W・アドルノ（2023）『哲学用語入門』作品社、210頁以下
30 テオドール・W・アドルノ（1996）『否定弁証法』作品社、318頁
31 エフゲニー・パシュカーニス（1986）『法の一般理論とマルクス主義』日本評論社、250頁

なぜ行動する人間たちの関わりと同時にその**思考**さえも支配するのかを分析したのだ。そのために、アドルノは「社会の経済学《ポリティカル・エコノミー》」批判の対象を「総体性」としての社会へと拡張した。つまり、個々の人間の特定の関わりによって構成されながらも、それらの上位にあるシステムとしての社会に焦点をあてたのだ。

社会の敵対性

ブルジョワ社会は、「自由な主体」から構成されているため、階級対立を隠蔽し、強い統合力をもつことができる。一見すると、アドルノの「総体性としての社会」は、商品交換によって編成された自己完結的な社会であるように思われる。だが、アドルノの社会理論は、社会の統合性をただ主張したわけではない。アドルノによれば、商品交換を編成原理とするブルジョワ社会は、外観上の自由と同時に敵対関係をはらんでいる。それどころか、ブルジョワ社会の編成化 Vergesellschaftung（敵対性に力点をおいた社会概念）過程においては、対立や敵対性によって社会が日々切り裂かれているのだ。アドルノの社会の「批判理論」はじつは敵対性という次元を強調したものであった。「総体性」としての社会を構成する要素は、商品にのみ見いだされるわけではないし、他の矛盾がそこから導き出されるというわけでもない。つまり、伝統的マルクス主義が考えたように、隠された経済＝土台において、矛盾を生み出す真の原因が存在するわけではないのだ。

フランクフルト学派の批判理論にとって、社会は、商品の担い手である主体の行為とその意識、そしてリアルな幻想（フェティシズム）によって媒介されたものにほかならない。とはいえ、社会システムにおける各審級（システム内部における決定機関のことで、いわゆる土台－上部構造論を相対化するためにフランスの哲学者ルイ・アルチュセールが用いた概念）が、相対的に自律していて重層的に規定し合っているわけではない。経済＝土台が「真理」に属しており、政治や観念といった上部構造が「虚偽」であるといった史的唯物論の図式は、完全に否定されている。

アドルノによれば、社会システムは、個々の人間を超越した、ただの構造的全体ではなく、当の社会（客体）を構成する人間（主体）の行為を自らのうちに含んでいる。社会システムにおける各審級が、当の社会の再生産にとってどのような機能を果たすかといったことが問題となるわけではないのだ。[32] そうではなく、社会システムの再生産が商品交換によって組織され、社会全体に価値の権力が貫通する結果として、あらゆる領域でいかにして敵対性が刻印されるかが把握されなければならない。商品交換による社会の支配は、個々の人間を同質化し、統合するといった事態のことではない。むしろ社会システムの布置関係（ベンヤミンやアドルノによ

32　アルチュセールの場合、商品交換という経済的審級とは別に、宗教、教育、家族、法律、メディア、文化といった諸審級が社会システム全体の構造をどのように再生産するのか、ということに力点がおかれる。

って用いられた、本来は「星座（星の配置）」を意味する概念。バラバラにただ存在しているはずの星たちが人間社会にとっては**特定の**星座系として現れること）において、しかも以下で述べるように、異質な形態で対立や敵対性を日々生産し続けるのだ。

フランクフルト学派の批判理論は、「階級関係」の観点から労働（運動）を肯定的に評価する伝統的マルクス主義を否定した。とりわけホルクハイマーは、ルカーチが定式化したようなプロレタリアート（古典古代ローマに由来する言葉で、賃労働者のみならず失業者などを含む）の特権的性格に疑念を向けていた。後期資本主義論においては労働者階級を革命の主体とみなすことはできないというわけだ。だが、アドルノの社会理論は、敵対性そのものを拒否したわけではない。そうではなく、敵対性をもっぱら階級（生産手段の所有関係）に見いだすことを否定しただけなのだ。アドルノに比べれば、伝統的マルクス主義がたんに「階級対立」として理解した「敵対性」は表層的なものである。アドルノにとって、社会の再生産を媒介する商品交換こそが、「敵対性そのものであり、それは同時に社会を引き裂くものである」[33]。

市場システムのもとでは、私的利害を追求する「自由な主体」によって社会が統合されると同時に、まさに市場の強制力への服従によって、互いに非社交的で不自由な主体が絶えず生み出される。生産過程においては、機械のリズムにそって厳しい労働を強いられる一方で、消費過程においては、複製技術によって生み出された商品を買うように駆り立てられる。そればかりか私たちは、市場社会における流動的で不安な生活環境によって、つねに社会システムへの順応を強いられている。[34] つまり、商品形態による社会編成化によって社会が統合されると、自由な個人の社交性という契機があらゆる領域において破壊されてしまうのだ。

その結果、伝統的マルクス主義の期待とは裏腹に、労働者階級といえども新たな集団性を構築することが不可能となる。「統合化資本主義」のもとでは、被支配階級がもはや「真の」階級的利害を認識することなどできないのだ。[35] アドルノにとって、資本主義システムは、総体性としての社会のもとに個々の人間を統合すると同時に、敵対性をたえず再生産することで、逆説的にも**脱**統合を増大させるものだった。

批判理論から「国家導出論争」へ

アドルノの「社会の経済学《ポリティカル・エコノミー》」批判は、商品形態による社会の編成化過程に焦点を当てたものであった。アドルノは物象化の問題を交換の次元に限定したわけではない。たしかにアドルノが商品の**交換**を強調したのは、労働や生産の次元にいわば権力の発生根拠を見いだす伝統的マルクス主義を批判するためであった。だがより重要なポイントは、商品の「担い手」として互

33 T. Adorno (1965) »Gesellschaft (I)«, in *Band 9 der Gesammelten Schriften I*, Suhrkamp Verlag, Frankfurt am Main, 1972
34 ウルリケ・マルツ（2021）「レイシズムの批判理論にむけて」『思想』岩波書店、第1169号
35 ヘルベルト・マルクーゼ（1975）『反革命と叛乱』河出書房新社

いに商品を交換するだけの人間たちが、いかにして社会システム全体を構成するのかということであった。社会の敵対性を把握するためには、まずもって交換主体としての個人、そしてかれらの社会的な行為に焦点を当てる必要があった。したがってアドルノの後期資本主義論は、「自由な」交換主体を起点にして、資本蓄積や階級対立の次元において敵対性がどのように構成されるのかを問題にした試みだと言えよう。[36]

マルクスが強調したように、社会システムにおいて「価値が主体化した」のが資本だとすれば、資本主義システムとは、人間（および自然）が資本に包摂させられた社会にほかならない。ただし、資本の形態＝権力は、企業が利潤追求を最優先するという事象のように、狭義の経済領域のみを支配するわけではない。それどころか、市場の支配が社会において全面化することで、国家や政治的制度を含めたあらゆる領域を価値の権力関係に組みこんでいくのだ。この意味で、資本の権力は、非経済的領域をとことん食い尽くす「共喰い（カニバル）動物」となっている。[37] アドルノによる社会の「批判理論」は、マルクスの「社会の経済学《ポリティカル・エコノミー》」批判のポテンシャルを拡張するものであった。それは、1960年代後半以降の西ドイツ新左翼のあいだでおこなわれた、（国家社会主義をふくむ）権威主義国家や議会外反対運動をめぐる論争においても大きな影響を与えた。

なかでも特筆すべきなのは、英米に比べて日本では実質的に受容されることのなかった「国家導出論争（以下、導出論争）」である。[38] 導出論争は、資本主義システムの特徴を、伝統的マルクス主義のような階級や所有関係ではなく、ルカーチやアドルノと同様に価値や商品交換の次元に見いだした。導出論争では、商品や貨幣といった「経済的」形態＝権力に対応する、「政治的」形態＝権力としての「国家」カテゴリーを導き出すことが試みられた。この形態＝権力に重心をおくマルクス解釈は、アドルノの「マルクス・セミナー」に参加していたハンス＝ゲオルグ・バクハウスやヘルムート・ライヒェルトらによって発展させられたものだ。導出論争では、伝統的マルクス主義の階級国家論が批判され、「社会の経済学《ポリティカル・エコノミー》」批判の延長線上において国家批判が試みられた。「マルクスは、〔商品、貨幣、資本といった〕経済的形態の批判において、単に相次いで形態を分析しただけではない。マルクスは、価値という基本形態と、価値の源泉でありながら価値によって表現される社会関係から出発して、社会関係からその他の形態を「導出」したのである[39]」。

　だが、導出論争において議論された問題構成、すなわち経済的カテゴリーから政治的カテゴリーをいかに導き出すか、というアプローチはミスリーディングなものだった。そもそも、

36　P. Murray (2018) »Critical Theory and the Critique of Political Economy«, in *The SAGE Handbook of Frankfurt School Critical Theory*, SAGE Publications Ltd, London

37　ナンシー・フレイザー（2023）『資本主義は私たちをなぜ幸せにしないのか』ちくま新書

38　この論争について詳しくは、拙著『国家に抗するマルクス』の第一章を参照。

39　ジョン・ホロウェイ、ソル・ピチョット（2017）「『国家と資本――マルクス主義の一論争』（１９７８年）序文――唯物論的国家論のために」『マルクス研究会年誌』第1号、堀之内出版

「社会の経済学《ポリティカル・エコノミー》」批判において、「経済的」形態＝権力から「政治的」形態＝権力が論理的に導き出されるはずがなかった。なぜなら、「社会の経済学《ポリティカル・エコノミー》」批判の考察対象は、狭義の「経済的領域」ではなく、アドルノが強調したように総体性としての社会システムであったからだ。しかも、国家は、政治学という学問分野で想定されているのとは異なり、経済領域から独立した政治領域に位置づけることはできない。国家とはすでに市場や資本に包摂された存在物であり、総体性としての社会を構成する要素にすぎないからだ。ヴェーバーが述べたように、たしかに国家は「正当な暴力行使を独占し」ており、見かけのうえでは自律した存在物となっている。だが、国家という形態で暴力装置が形成される一方で、なぜ国家以外のアクターが合法的に暴力を行使できないのか、その理由こそが問われなければならない。つまり、国家の集権化の背景には、社会から暴力の行使が追放される過程、つまり社会の脱政治化という事態があるのだ。

国家の集権化は、国家それ自身の運動（たとえば暴力の運動など）によって説明することはできない。国家の集権化には社会関係の脱政治化が対応している。マルクス＝アドルノによれば、この社会の脱政治化は、商品形態をつうじた社会編成化によって引き起こされるものだ。この点は優れたマルクス解釈においてもしばしば無視されてきたので、詳しく検討しておこう。

国家の自律性?

　商品交換が社会システムにおいて全面化すると、人間(の身体)や自然が資本のもとに包摂され、呑み込まれていく。このことは、近年の批判理論でもしばしば強調されている。アメリカの政治理論家であるナンシー・フレイザーは、『共喰い(カニバル)資本主義』(2022)という著作(邦訳は注37参照)において、資本主義がたんなる経済システムではないことを強調した。つまり、資本主義とは、四つの非経済的領域(社会的再生産、エコロジー、政治的権力、収奪対象としての周辺地域)における矛盾をはらんだ「制度化した社会秩序」であるというのだ。だが、国家についてフレイザーは、経済的領域と政治的支配(非経済的領域)が制度的に分離しており、両者の領域が絶えず矛盾せざるをえないことを確認するにとどまっている。たしかに、資本主義の歴史的段階においては、国家が市場を管理したり、逆に国家が市場によって骨抜きにされるといった事態が生じてきた。だが、こうしたフレームワークでは、国家が資本のもとに包摂されるプロセス、つまり国家が「資本の」国家へと変貌するプロセスについて考察することができない。なぜなら、経済的領域と政治的領域の制度的分離を理解するだけでは、国家が資本主義システムを再生産する機構として所与の前提とされてしまうからだ。

　マルクスの『資本論』は、マルクス主義者のあいだでも国家を考察対象から除外した著作として理解されてきた。つまり、社会の経済学者《ポリティカル・エコノミスト》たちと同様に、脱政治化された社会システムが自然視されてしまったのだ。国家は中立的な存在物と考えられ、その固有の形態＝権力が探求されることもない。このことは、現代のエコノミストたちが労働生産物を商品ではなくたんなる品物として扱うのに似ている。国家は、経済的土台から独立した政治的上部構造として、あたかも総体性としての社会からも自律したアクターとして把握されてしまう。

私たちはこれを国家フェティシズムと名付けたい。一般的な政治学や社会学の学問分野においても、社会関係の脱政治化は、個々の人間を超越した機構、つまり国家という構造的全体を生み出すと考えられている。だが、あくまでも国家は、たんに独立した存在物ではなく、むしろ「総体性としての社会」の構成要素にすぎない。たしかに近代国家は、外観上は社会から「自律した」アクターとなっている。だが問われるべきは、その国家の集権化をうみだす社会編成化というプロセスのほうである。

マルクスは国家に対する体系的な批判をおこなわなかった。[40] しかし、『経済学批判要綱』という『資本論』の草稿でマルクスは、資本主義システム以前の国家（政治的共同体）について、ある程度まとまった記述をのこしている。古典古代ローマの軍事国家やアジアの専制国家についての歴史的分析である。マルクスは、これらの国家を「社会から分離し集権化した国家」と考えており、外観上は近代的な国家権力と同じ特徴を認めていた。だが、こうした記述はミスリーディングを誘うものだ。当時のマルクスは、狭義の資本主義システムの歴史的展開に比べて、国家の歴史的発展に関する考察が甘かった。国家は総体としての資本主義システムの構成要素であるが、「社会の経済学《ポリティカル・エコノミー》」批判のプラン上、その考察が先送りされてしまったからだ。マルクスは外観上の自律性に共通点を認めてしまったが、実際のところ資本主義システム以前の国家と近代的な国家権力は明確に異なっている。つまり両者のあいだでは国家の形態＝権力がまったく異なるのだ。

資本主義システム以前の国家は社会の再生産に直接関与し、剰余労働を捕獲する権力をもっている点で「自律性」をもつと言える。たとえば、古代エジプトのピラミッド（王の神殿）やインカ文明の灌漑施設は、社会のメンバーの労働を大規模に動員した事例である。だが、資本主義システムの国家は、ポスト・マルクス主義がしばしばその「相対的自律性」を強調するのとは反対に、実はむしろ他律的な客体となっている。ここでの他律性（ヘテロノミー）[41]とは、社会システムに国家が組み込まれているため、国家に自律性がないという意味である。というのも、近代的な国家権力は、人間の社会的生産に直接関与することができず、かつてのような剰余労働の「捕獲者」としての権力を喪失しているからだ。いったいどういうことだろうか。

剰余労働の「捕獲者」として国家の形態＝権力を把握したのは、1960年代のフランスで

40　これ以降の記述は拙著『国家に抗するマルクス』第三章の一部を再構成したものである。
41　本書でのヘテロノミーとは、オートノミーとは対照的に、それ自身以外の原理によって秩序が形成されることを意味している。

新左翼に大きな影響を与えた哲学者ジル・ドゥルーズと精神分析家フェリックス・ガタリである。かれらは主著の『千のプラトー』(1980)においてそれを原国家(Urstaat)と呼んだ。[42]ドゥルーズ＝ガタリは、国家が生産力の発展にともなって支配階級の機構として成立するというマルクス主義の教義に異議を唱えた。かれらによれば、国家は、経済的土台や階級分化によって規定される政治的上部構造ではない。「逆に、大土木工事の企てや剰余生産物、そしてそれらに対応する官僚機構の組織化を可能にするのは、国家それ自身なのである[43]」。

ここでドゥルーズ＝ガタリが念頭においているのは、「アジア的専制国家」(マルクス)である。アジアの専制国家は、冶金術や建設業者といった特殊な階級を維持して公共事業を営んでいた。しかし、ドゥルーズ＝ガタリによれば、マルクスが論じた「アジア的な」専制国家は、現代の考古学者たちによって、世界のいたるところで発見されているという。「前提とされる農業も冶金業ももたない狩猟採集民の真っ只中に、国家は何の介在もなく直接的に樹立される[44]」。国家はマルクス主義者が考えるように一定の生産様式を前提するのではない。そうではなく、逆に国家が剰余労働の「捕獲者」として生産の様式を決定するというのだ。

「いつでも至るところに存在する」という意味で、本源的な国家を定式化したドゥルーズ＝ガタリは、古代の専制国家のメカニズムから敷衍して、資本主義以前の国家一般の形態＝権力を定義した。かれらが、国家の考古学的考察にもとづき、「生産者としての」国家がもつ形態＝権力を強調したことは画期的であった。マルクス主義者が考えるように、国家はたんなる政治的上部構造ではない。国家は、言うなれば経済的土台の中心にあり、暴力的強制力を背景に社会の剰余労働を動員することができる。原国家は、社会的総労働の配分において中心的な役割を果たしているのだ。つまり国家は、人間社会の再生産において自律的に生産を組織化するアクターなのである。

このような「生産者としての」国家の形態＝権力は、端的に公共事業に見いだすことができる。フランス語で travaux publics という言葉は公共（土木）事業と日本語で翻訳されてきたが、文字通りに国家が遂行する公的な「労働」として理解したほうがよい。ドゥルーズ＝ガタリが強調したように、国家のプロトタイプは土木事業者なのである。国家は、その権威によって国家のメンバーに賦役労働を強制し、土木に限らずさまざまなインフラストラクチュアを製造する。マルクスも述べているように「租税による道路建設は、国の剰余労働あるいは剰余生産物の一部を強制的に道路に転化することを意味している」[45]。国家は、自らの暴力的強制力を背景

42　フランス現代思想の文脈では、ドゥルーズとガタリは、国家の自律性を相対化しようとしたミシェル・フーコーとは反対に、マルクス主義者として国家装置の役割を強調したことで知られている。佐藤嘉幸、廣瀬純（2017）『三つの革命』講談社を参照。
43　ジル・ドゥルーズ、フェリックス・ガタリ（1994）『千のプラトー――資本主義と分裂症』河出書房新社、414頁
44　同上、485頁
45　カール・マルクス（1993）『資本論草稿集②』大月書店、193頁

に徴収した租税や地代によって公共事業を営む。つまり、国家は総労働の配分と生産物の分配を組織する中心的な主体であるというわけだ。

国家の無所有化

とはいえ、原国家に固有の「公的」労働は、なにも公共事業の遂行に限られない。たとえば、国内の支配関係を監督したり、対外的な戦争を準備するといった行動も含まれるだろう。いずれにせよ、国家の労働は、あらゆる社会システムにおいて存在する行政的機能であると言える。ところが、資本主義システムにおいて、国家は剰余労働の捕獲者として社会の再生産を直接組織することができなくなる。国家が資本のもとに包摂された「資本の」国家においては、「生産者としての」国家、つまり国家の生産性が否定されてしまうのだ。

これまでほとんど着目されることがなかったが、ここにおいて国家の形態＝権力は大きく転換している。すでに確認したように、資本主義システムにおいては、総労働の配分と生産物の分配が商品交換をつうじておこなわれる。つまり、社会の再生産が国家ではなく市場によって組織されるのだ。そのため、国家の公的労働もまた、貨幣や資本といった物象を媒介することでしか社会的再生産を組織化できなくなる。社会の再生産が「経済的」形態＝権力によって構成されるということは、同時に、国家がその生産的権力を失い、独自の「政治的」形態＝権力をとるということである。すなわち、国家の公的労働は、もっぱら市場の権力を補完する機能へと特殊化するのだ。たとえば、資本主義システムにおいて国家の行政的機能は多種多様になっているが、それらはすべて**貨幣**租税によってファイナンスされている。

「資本の」国家がもつ形態＝権力を適切に理解するために、国家が資本のもとに包摂されるプロセスそのものを一瞥しておこう。ドゥルーズ＝ガタリが定式した原国家は、いかにして「資本の」国家へと転換していくというのか。ここでは資本の権力が社会全体を包摂していくプロセス、なかでも国家が「総体性としての社会」の構成要素になっていく過程に焦点を当てたい。

市場社会が発展した後にも、国家はなおも自らの暴力的強制力によって租税や地代を徴収し、公共事業を営んでいることがある。国家はいまだ生産手段の所有者であり、人間社会を再生産するために剰余労働を動員することができる。それでは、プロトタイプとしての国家に典型的であった「公的労働」が、いかにして資本のもとでの「私的労働」になるのか。もっぱら私的労働によって社会的分業が営まれる資本主義社会においては、公的労働が人間社会の再生産を直接媒介することはない。国家の公的労働が人間社会の再生産能力を失う背景には、マルクス自身も説明することがなかった、ある歴史的プロセスが存在した。

マルクス主義の文脈では、資本主義システムの歴史的前提として、小農（peasant）といった生産者の生産手段（土地や生産用具）からの分離が国家暴力をつうじて遂行される、ということが強調されてきた。資本の前史、いわゆる「本源的蓄積」の過程である。だが、資本の「本源的蓄積」過程において無所有者となってしまうのは、なにもプロレタリアートだけではない。資本主義以前に生産を直接組織していたのは、小農のみならず、王権や貴族などによって構成されていた国家だった。つまり、生産者としての「国家」もまた自らの生産手段から本源的に切り離され、いわば「無所有者」になりはてるのだ。

このことは、たしかに財政社会学においても強調されてきた。近代国家はその収入を、王権や貴族の身分的特権をつうじてではなく、徴税をつうじてファイナンスするほかない、というように。ただし、もっと考察すべき事柄がある。オーストリアの財政社会学者であるルドルフ・ゴルトシャイトが強調した、国家の無所有化、つまり国家が資本に包摂されるという事態である。国家の「資本の」国家化というプロセスにおいて、「生産者」としての国家、そして生産手段の所有者であった国家は、自らの生産条件（土地や身分的特権）から引き剥がされる。この点は国家の形態＝権力を理解する上で決定的に重要である。「資本の」国家は、生産条件を本源的に所有することがないため、社会の剰余労働を自らの権威でもって動員できなくなる。資本主義システムにおいて、国家は生産条件から分離した無産（無所有）国家へと転化している。この特殊な歴史的前提のせいで、「資本の」国家は、かつての原国家のように独力で剰余労働を捕獲することができなくなるのだ。

近年のマルクス解釈では、伝統的マルクス主義の階級中心主義を批判するために、「生産関係の物象化」が強調されてきた。資本主義システムのメカニズムは、階級や所有関係からは説明できない。そうではなく、人間たちが生産において取り結ぶ関係がモノ（物象）の関係に転化していることが根本的な問題なのだ。ただし、この「生産関係の物象化」は、「総体性としての社会」という観点から国家の形態＝権力にも関わるものとして理解されなければならない。「生産関係の物象化」は、じっさいには「共同体」を基礎とする支配関係が解体する過程を考慮しなければ成立しえないのだ。つまり、「生産者」であり生産手段の「所有者」でもある国家が、自らの生産手段を喪失する過程である。資本主義システムの歴史的前提には、労働者の生産手段からの分離のみならず、国家の生産手段からの分離が同時に存在しているのだ。マルクスが自らの「社会の経済学《ポリティカル・エコノミー》」批判において国家を主題にせずにすんだのには理由があった。原国家が無産国家へと転化し、社会の再生産においてその生産性が否定されているからこそ、国家をカッコに入れることができたのだ。

資本主義システムにおいては、文字通り「公的な」労働である公共事業もまた、資本のもとで組織される私的労働に置き換わる。人間社会を再生産するために必要不可欠なインフラストラクチュアは、国家の暴力的強制力ではなく市場の権力をつうじて供給される。このことは、社会の再生産において国家が生産を組織する自律的な権力を失っていることを意味している。マルクス経済学のように、「生産関係の物象化」を、狭義の経済領域で生じるものとして理解してはならない。物象化は、社会システム全体を貫通すること（商品形態による社会編成化）

で、ただちに国家の無所有化を引き起こす。国家は社会の再生産を担う主体ではなく、もっぱら「市場の権力」によって構成されるほかない客体、つまり「資本の」国家となるのだ。

国家についての幻想

国家を自律的な存在物ではなく、「総体性としての社会」の構成要素として把握すると、国家に過大な機能や能力を付与する国家フェティシズムに陥ることはなくなる。もちろん国家についてのこうした幻想は、法フェティシズムと同様に、リアルで客体的な思考形態でもある。たとえば、近年有力な歴史社会学の国家論では、マルクス主義の経済的決定論が否定され、近代国家の制度的能力とその自律性が強調されている。たしかに、近代国家だけが自らの軍事・財政力によって対外的に戦争を遂行し、国内外の資本蓄積に対しても（補助金や関税等で）介入することができるのは事実だ。しかし、こうした外観上のリアルな自律性から、「資本の」国家の形態＝権力を、独力で生産を組織化する能力と理解することはできない。繰り返しみてきたように、国家のプロトタイプの形態＝権力は、「資本の」国家のそれとはまったく異なるからだ。

資本主義システムにおける国家の「自律性」は、国家が自らの暴力的強制力によって剰余労働を捕獲し、社会の再生産を直接組織できるということを意味しない。むしろ逆に、「資本の」国家においては、プロトタイプとしての国家の生産的権力が明確に否定されている。つまり、外観上自律的な国家の軍事・財政力は、実際には市場の権力に依拠することでしか遂行できないのだ。いかに強力で自律的なものに見えようとも、国家の権力は、「資本の」国家が「経済的」形態＝権力への依存性を深めることによって生み出されたものにすぎない。国家の「自律性」それ自体が、その資本への「他律性」の産物なのである。

ただし、次のことに注意しよう。国家についての幻想を批判することは、マルクス経済学のように国家を経済決定論的に理解することとイコールではない。国家は、「総体性としての社会」の構成要素であり、「市場の権力」によって構成される限りにおいて強力になりうる。社会関係が脱政治化し、国家機能が「市場の組織化」に限定されてしまうことは、決して国家の権力が脆弱であるということを意味しないのだ。たとえば、一般的な理解とは正反対に、アダム・スミスの国家でさえ、「小さな夜警国家」や「弱い国家」などではなかった。つまり、「市場の組織化」という特定の機能に「自己を限定する能力と権力をもっている」という意味において、すでに優れて「強い国家」だったというわけだ。[46]

資本主義システムにおいては、原国家のように社会の再生産を担う主体、つまり生産的な権力としての国家の役割は否定されている。国家フェティシズムのように、国家の介入力を国家

46 W. Bonefeld (2017) *The Strong State and the Free Economy*, Rowman & Littlefield International, London. p.33

自身の自然＝本性に求めることはもはやできない。たしかに、「資本の」国家は、「経済的」形態＝権力への依存を深めることによって、外観上は自律的に強力になりうる。だが、第二部で詳しくみるように、資本主義システムのもとでは「強い国家」はつねにすでに「健全な経済」の相関物でしかない。つまり、国家の「強さ」は「市場の組織化」を順調に遂行できるかどうかにかかっている。いかなる専制国家や独裁者であっても、「経済的」形態＝権力から逃れることはできないのだ。

それゆえ、私たちは、国家の自律性という外観を暗黙の前提とすることなく、国家の軍事・財政力がいかにして「市場の権力」から構成されるのかに着目するべきだろう。この点は繰り返し明確にしておかねばならない。さもないと、あらゆる社会変革の試みは、市場や資本の権力を国家によって管理するという「政治革命」論に行き着くことになる。

第二章

「政治の自律性」から「自律性の政治」へ

批判理論の先に

フランクフルト学派の「社会研究所」は、もともとはマルクス主義の学術研究を、党派的なイデオロギーとは切り離して発展させようとする知識人たちの賜物であった。戦後に再開された社会研究所では、西ドイツで反共主義が支配的であったために、マルクス主義を刷新することよりも、アカデミズムという体制に順応することが優先された[47]。だが、1960年代以降のフランクフルト学派は新左翼の議会外運動に強く影響をうけており、近年ではその脱政治的性格が見直されるようになっている[48]。日本ではほとんど理解されていないが、なにもマルクス主義から離脱していくユルゲン・ハーバーマス以降の現役世代だけが批判理論を代表しているわけではない。フランクフルト学派の批判理論は、むしろヨーロッパ大陸と大西洋を横断した叛乱の文脈において理解されなければならないのだ[49]。

1960年代後半の米国では、ベトナムにおける新植民地主義戦争や国内での黒人に対するレイシズムを批判するために、ファシズムや権威主義国家に関する初期の批判理論が黒人活動家たちのあいだで受容されていた。アドルノやマルクーゼのもとで学んだアンジェラ・デイヴィスは、自ら獄中において、資本主義国家の中心装置である監獄や刑務所の廃絶（アボリショニズム）を呼びかけている。[50] かたや西ドイツでは、ルディ・ドゥチュケら社会主義学生同盟（SDS）の理論家たちのあいだで、ベトナム戦争への賛成を表明していたホルクハイマーへの反発が強まっていた。かれらは、ハーバーマスに「左派ファシズム」と非難されたラディカルな学生運動をより広範な議会外の直接行動へと、すなわち「都市ゲリラ」闘争へと発展させようとしていた。このように**政治的に急進化した**批判理論の背景には、アルジェリアや南米などにおけるグローバルな反システム運動（民族解放闘争や社会主義運動）の高揚があったと言える。

とりわけ晩年のアドルノの弟子であり、27歳という若さで夭折したハンス＝ユルゲン・クラールは、死後に編纂された『構成と階級闘争』（1971）という未邦訳の著作において、マルクスの「社会の経済学《ポリティカル・エコノミー》」批判を階級闘争という実践に強く結びつけた。[51] クラールは、ドゥチュケと肩を並べたSDSの活動家であり批判理論の若い世代に属していたが、近年再評価されている（ドイツ留学時代のデイヴィスの友人でもある）。クラールにとって、戦後の社会国家（とくに

47 八木紀一郎（2021）『20世紀知的急進主義の軌跡』みすず書房、16頁
48 アレックス・デミロヴィッチ（2009）『非体制順応的知識人』御茶の水書房、第一分冊、第四章
49 C. Sebastian (2022) »Critical Theory in Revolt«, Yale University Graduate School of Arts and Sciences, Dissertation.
50 アンジェラ・デイヴィス（1972）『もし奴らが朝にきたら』現代評論社
51 H.J. Krahl (2008) *Konstitution und Klassenkampf*, Verlag Neue Kritik, Frankfurt am Main.

西ドイツのオルド自由主義）は、資本主義システムに統合されることで、ファシズムへの傾向を強めていた。[52] クラールはアドルノと同様に、マルクスの「社会の経済学《ポリティカル・エコノミー》」批判を総体としての社会システムを分析したものだと考えた。だが、クラールが強調したのは、形態＝権力というカテゴリーがたんに現実の社会システムを構造化する権力であるということではなかった。彼と同じくアドルノの弟子であったバクハウスらの「マルクスの新しい読み方」は、形態＝権力のパワーを強調するあまり、静態的なマルクス解釈に陥っていた。つまり、敵対性や階級闘争をうちに含む「総体性としての社会」において、どのような社会変革のポテンシャルが存在しうるのかを理解できなかったのだ。クラールにとってそれは、アドルノのマルクス解釈がもつ問題点でもあった。

たしかにアドルノは、すでにみたように、統合された社会における敵対性を強調してはいた。だが、アドルノは社会の敵対性をいかに社会の**変革**につなげるかという点については沈黙した。社会システムの敵対的契機とその社会システムを超越するような解放的契機には大きなズレがあるのだ。クラールにとって、形態＝権力というカテゴリーは、どこまでも資本主義システムにおける解放的契機、つまりプロレタリアートがポスト資本主義社会を「構成する権力」と結びついたものであった。その意味で、クラールは同じフランクフルト学派のなかでも、アドルノよりは、叛乱や解放運動がもつユートピア的次元を強調したマルクーゼの立場に近い。

ただし、クラールが強調したプロレタリアートの解放的性格は、ルカーチが『歴史と階級意識』（1923）で定式化したものとは異なっている。ルカーチは、「物象化された定在の構造を実践的に打破しようとする」プロレタリアートの意識、そしてそれを外部から構築する政党に期待を寄せていた。だが、クラールにとってプロレタリアートの敵対的ポテンシャルは、決して議会や政党に収斂されるものではない。むしろ「総体性としての社会」を構成するさまざまな領域（生産過程や国家の政治的諸制度に限定されない主体の行為やその意識）において幅広く存在するものだった。[53]

開かれたマルクス主義へ

敵対性や階級闘争を重視する批判理論は、冷戦崩壊後の90年代の米国で、ホロウェイらの「開かれたマルクス主義」としてより発展していくことになる。サパティスタに代表される反グローバリゼーション運動（1999年のシアトルにおけるWTO反対デモなどの民衆運動）の高揚をうけながら、「開かれたマルクス主義」は、アドルノの物象化論や国家導出論争の重要性を

52　マウリツィオ・ラッツァラート（2023）『耐え難き現在に革命を！』法政大学出版局、68頁
53　V. Chanson & F. Monferrand (2018) »Workerism and Critical Theory«, in *The SAGE Handbook of Frankfurt School Critical Theory*, SAGE Publications Ltd, London

再度強調した。その核心にあるテーゼは、クラールと同様に、マルクスの「社会の経済学《ポリティカル・エコノミー》」批判がもっている解放的性格であった。

一般的なマルクス主義が「共産主義的世界観」という「閉じられた」体系を構築したのに対して、「開かれた」マルクス主義にとって、資本主義システムの批判は、同時にその破壊を意味するものでなくてはならなかった。したがって、資本主義システムは、何かその法則なるものから決定論的に説明しうるものではなく、予測することのできない社会的敵対性を必ずはらんでいる。[54]ホロウェイはこの点を強調するために、資本の運動を自動的な権力のプロセスではなく、つねに闘争状態にあるプロセスとして理解している。[55]モノの形態＝権力がもつパワーは、正確に言えば、形態＝権力が生成するプロセスにおいてのみ貫徹する。つまり、一度成立した形態＝権力のもとで資本が運動するのではなく、資本との対立の真っ只中において形態＝権力が、いわばかろうじてパワーをもつのだ。ここで提示されているのは、資本とそれに対立する労働という二元論ではない。むしろ、「私たちが資本の危機である」というホロウェイの公理にみられるような一元論である。つまり、資本および資本のもとに包摂された労働に先立って、形態＝権力をめぐる闘争や紛争が日常的に存在しているというわけだ。

「開かれたマルクス主義」において、形態＝権力のカテゴリーを中心とする「マルクスの新しい読み方」は、たんなる文献学的考証ではなく、きわめて政治的な意味をもっている。形態＝権力のカテゴリーは、新たな経済決定論などではなく、むしろクラールが強調したような解放的ポテンシャルを示すものなのだ。アドルノの物象化論は、敵対性をはらみながら形態＝権力がどのように社会を編成するかを強調するものだった。だが、クラールはさらに議論を進めて、形態＝権力では捕らえきれない社会の解放性を見いだそうと試みた。その意味において、形態＝権力のカテゴリーは、資本主義システムの「耐久性」のみならず、むしろその「脆弱性」を同時に示している。

一方で、たしかに形態＝権力は、アドルノが強調したように、私的利害の追求や賃労働といった私たちの関わりと同時に、私たちの思考のあり方をも強制している。私たちは、市場を暗黙の前提とみなして、そこでは誰もが生まれながらに「自由な主体」であるというリアルなフェティシズムの世界から、容易に抜けだすことはできない。だが他方で、形態＝権力は、そもそも資本主義システムが歴史的に特殊なものにすぎず、商品交換を媒介せずとも人間の社会的再生産が可能であるという展望を示してくれる。形態＝権力は、私たちの特定の関わりから構成されたものだが、つねにかろうじて私たちの関わりを強制しているにすぎないからだ。

形態＝権力が生成するプロセスをすでに確立したものとして理解してはならない。むしろ、形態＝権力は絶えず私たちのオルタナティブな関わりによって脅かされている。つまり、形態

54　C. Memos (2018) »Open Marxism and Critical Theory«, in *The SAGE Handbook of Frankfurt School Critical Theory*, SAGE Publications Ltd, London

55　ジョン・ホロウェイ（2023）『希望なき時代の希望』同時代社、73頁

＝権力は、当の形態＝権力に対抗すると同時にそれを超越するような私たち自身の関わりと闘争状態にあるのだ。ホロウェイが強調しているように、オルタナティブな関わりによって、オルタナティブな形態の社会的再生産や国家（政治的共同体）を構成する余地が大いに残されている。マルクスの物象化論やアドルノの「総体性」概念は、個々の人間たちを同質化するような、自己完結的な全体社会を想定した議論であるとよく非難される。だが、クラールや「開かれたマルクス主義」といった「アウトノミア」フランクフルト学派にとって、「総体性」はむしろ、既存の形態＝権力に抗する叛逆的契機を明らかにするための概念であった。だが、だからといって敵対性や闘争の次元を強調する「開かれたマルクス主義」は、政治革命を志向するわけではない。「総体性としての社会」の観点からすると、「政治の自律性」から社会革命を展望することはできないのだ。

オペライズモとは何だったのか

マルクスの「社会の経済学《ポリティカル・エコノミー》」批判を政治的に読むアプローチは、（西）ドイツの批判理論に限られたものではない。むしろ、60年代から70年代にかけて見られたイタリアの「オペライズモ（労働者主義）」のほうが有名だろう。[56]

この潮流はもともと、イタリア共産党内のスターリン主義や社会民主主義の改良主義に対抗するなかで生み出されてきた。その代表者であるマーリオ・トロンティは、当時公開されたばかりの草稿『経済学批判要綱』の「貨幣にかんする章」や「機械についての断章」をもとに、権力論としてマルクスの「社会の経済学《ポリティカル・エコノミー》」批判を再解釈した。トロンティのマルクス読解は、伝統的マルクス主義のそれとは百八十度異なるものだった。「我々は最初に資本主義的発展を考え、その後でのみ労働者の闘争を考えてきた。これは誤りである。〔……〕始まりは労働者階級の闘争である」[57]。トロンティは、ドイツのクラールとほぼ同時代に、資本の権力に先立って労働者の闘争、つまりプロレタリアートの「構成的権力」を強調していたのだ。ちなみに、ここでいう「構成的権力」とは、資本は構成された（受動態）権力にすぎず、労働こそが資本の権力を構成する（能動態）ことを強調した、オペライズモのキーワードである。

だが、敵対性や階級闘争を強調しているとはいえ、クラールとは対照的に、トロンティにとって政党の重要性は決して疑われるべきものではなかった[58]。むしろ、トロンティのオペライズモは、イタリア共産党の政治戦略（いわゆる加入戦術）に裏打ちされたものである。とはいえ、トロンティは生産手段の国有化や国家権力の奪取による国家社会主義を支持しているわけでは

56　これ以降の記述は拙稿「トロンティとネグリの間：「政治の自律性」から「自律性の政治」へ」『現代思想』第52巻第7号、青土社、２０２４年を再構成したものである。

57　M. Tronti (1966＝2013) *Operai e capitale*, Derive Approdi.

58　M. Mandarini (2003) »Notes«, in A. Negri, *Time for Revolution*, Bloomsbury Publishing.

ない。彼の問題意識は、社会全体が資本によって包摂されるなかで、近代国家を破壊して、それを工場つまりは労働者の生産組織へと解消することにあった。ただし、この国家死滅を媒介するのは、労働者階級の政治的組織であり、あくまでもレーニン主義の「政党」とされた。トロンティにとって、資本に対する労働者の闘争のいわば存在論的優位性は、政党レベルでの「政治の自律性」を補完するものだったのだ。トロンティは、たしかに国家中心主義を否定していたが、その闘争論は政治革命をなおも志向するものであった。

ここで、ドイツとイタリアで見られたマルクスの「政治的な読み方」を比較するために、オペライズモの歴史的展開をみておこう。イタリアでは、ドイツやフランスと異なり、世界的に学生運動が高揚した１９６８年以降も政治的な季節が続いていたことで知られる。１９７０年代に入ってイタリア共産党の右傾化（キリスト教民主党との「歴史的妥協」）が決定的になると、**ポスト・オペライズモ**として、新たにアウトノミア運動が誕生していった。このオペライズモからアウトノミアへの移行を象徴する理論家がネグリである。

トロンティの議論は、日本ではとくに、同じオペライズモを掲げていたネグリとあまり区別されることなく理解されてきた。だが、ネグリ自身、後にふりかえっているように、トロンティの『労働者と資本』（１９６６）を高く評価しながらも、トロンティが次第に強調するようになる「政治の自律性」という考え方にはきわめて批判的であった。じじつ、トロンティの『政治の自律性について』（１９７７）では、１９６０年代の国家批判が後景に退いてしまい、近代国家が実際には労働者階級の自律性を補完する「政治的形態」であると主張されるまでになる。トロンティはこの時期にイタリア共産党に復帰しており、プロレタリア国家による「保守的な」変革構想に転向をとげていたのだ（なお、このころ書かれた『労働者と資本』後書きでも、イタリア共産党の「歴史的妥協」が正当化されてさえいる）。だが、西ドイツの国家導出論争の影響を受けていたネグリにとって、国家の形態＝権力は、あくまでも「社会の経済学《ポリティカル・エコノミー》」批判として分析されるべきものだった。[59]

とりわけ興味深いのは、この時期にまだヘーゲル＝マルクス主義者であったネグリのマルクス解釈である。ネグリは、形態＝権力を把握する際の出発点をプロレタリアートの「自己価値化 Selbstverwertung」においている。つまり、資本の自己価値増殖（Selbstverwertung）ではなく、労働自身が社会システムを構成する権力をもつというわけである。こうしたネグリのマルクス読解は、資本の権力に捕らわれない労働者の自律性を確認することで、労働の拒否（サボタージュ）による資本主義システムからの離脱を主張するものだった。ネグリにとって形態＝権力は、労働者階級の自律的闘争の真っ只中で理解されている。つまり、ホロウェイも強調したように、形態＝権力は絶えず「資本との関わりを断ち切る」権力と闘争状態にあるのだ。こうした形態＝権力の把握は、同じオペライズモのトロンティのマルクス解釈と決定的に異なるもの

59　アントニオ・ネグリ（1983）「支配とサボタージュ」『現代思想』第11巻第3号、青土社

だった。というのも、ここでの形態＝権力には、資本のみならず、政党や国家といった資本主義システムの「政治的」形態＝権力も含まれているからだ。ネグリ自身が強調しているように、クラールを含めた西ドイツの国家導出論争とイタリアのオペライズモは、ともに国家の形態＝権力を批判する試みであった[60]。

トロンティのシュミット的マルクス主義

かたやトロンティは、「オペライズモと労働者の中心性」（1977）という論文において、ネグリをはっきりと念頭において、本来のオペライズモが政党や国家を中心に据えた運動であると述べた。「こんにちの問題の中心が労働者と政治の関係、労働者階級と国家の関係にあるということを見ないでいることは困難である〔……〕政党と国家機構の管理運営の関係は、こんにち社会的矛盾の統治に関するあらゆる経験のうちでも根本的な領域である」[61]。したがって、「抵抗が先に来る」と要約されるオペライズモのテーゼを、その歴史的コンテクストを無視してトロンティのみに結びつけることはできない。私たちはシステムに先立つ敵対性や闘争の次元を、後期トロンティのような「政治の自律性」と混同してはならないのだ。

日本の現代思想研究者のあいだでは、トロンティに特有の「ネオ・レーニン主義」という問題がほとんど議論されてこなかった。現代における社会革命を考えるうえで見落とすことのできない問題であるにもかかわらず、である。だが、トロンティの「ネオ・レーニン主義」は伝統的マルクス主義の政治革命とはひと味違う。後期トロンティが「政治の自律性」を強調し、レーニン主義を刷新するために「発見」したのが、あのカール・シュミットだった。[62]本書の「はじめに」でみたように、シュミットはマルクス主義の「階級闘争」という考え方を、「敵対関係」の表現として高く評価していた。シュミットにとって、マルクス主義の中心的概念である「階級」は、経済的関係をただ反映したものであった。だが、かたや「闘争」のほうは、現実的な敵に対抗するという意味で、まさしく政治的次元に位置づけられる。シュミットによれば、この点を他のマルクス主義者に比べてよりいっそう強調したのがレーニンであった。[63]

シュミットにとって、レーニンにおける「政治の自律性」は戦争そして現実の敵対性に見いだされるが、なによりも革命政党を絶対化したものであった。トロンティが「シュミット的マルクス主義」を打ち出した理由もここにある。トロンティにとって、シュミットの議論はマルクス主義における「政治の自律性」を再構成するうえで有益な概念だった。[64]

60　アントニオ・ネグリ、マイケル・ハート（2008）『ディオニュソスの労働』人文書院、201頁
61　中村勝己（2016）「オペライズモの光芒」『現代思想と政治』平凡社を参照。
62　ロベルト・テッロージ（2019）『イタリアン・セオリーの現在』平凡社、156頁以下を参照。
63　カール・シュミット（1995）『パルチザンの理論』ちくま学芸文庫
64　M. Di Pierro (2017) »Mario Tronti lettore di Carl Schmitt. Da Marx alla teologia politica«, in *Storia del pensiero politica*, Il Mulino.

トロンティは「シュミット的マルクス主義者」として、階級闘争を起点にマルクスを読むアプローチを開拓した。その目的は、プロレタリアートの構成的権力を強調すると同時に、まさに政党の権力を資本に先立つ労働者の闘争によって再構成することであった。これは、同じオペライズモに属していたネグリとの決定的な違いである。たしかにトロンティとネグリは、国家を含む社会全体が資本によって包摂された現代では、伝統的マルクス主義の政治革命が無効になっていると考えている。かれらにとって、それでもなお資本主義システムにおけるプロレタリアートの特権的性格が、伝統的マルクス主義の考えとは別の意味で存在しつづける。クラールも指摘したように、社会全体を包摂した資本主義システム（社会的工場としての資本）においては、階級概念それ自体もまた社会全体（社会的労働者）へと拡張されなければならない[65]。こうして、プロレタリアートは、資本主義システムにとって不可欠な労働力商品として機能すると同時に、それ自体が直接的に、すなわち即自的に闘争主体として資本主義システムに対抗する存在となっている。つまり、対自的な次元（ルカーチ）でプロレタリアートに階級意識を注入するといったことが問題になるわけではないのだ。オペライズモにとって、社会的プロレタリアートの構成的権力は、資本主義システムを再生産するものではなく、むしろその「内部において、なおかつそれに抗する」ものだった。

しかしながら違いはここからである。トロンティがそれをあくまでもイタリア共産党、ついには国家そのものに結びつけるのに対して、ネグリは政党以外の、すなわち議会外の労働者組織に見いだす。それゆえ、ネグリの議論は、共産党内部のオペライズモ（トロンティ）ではなく、そこからも離脱するような、オペライズモ内部のアウトノミアとして特徴づけられる。[66]

「政治の自律性」からの断絶

トロンティとネグリの決定的違いを認める限り、70年代にイタリアで展開されたポスト・オペライズモとしてのアウトノミア運動を「政治の自律性」として理解することはできない。[67] トロンティの、一見すると議会外的なオペライズモは、あくまでも政党の政治戦略に基礎付けられたものだった。だが、アウトノミア運動は、68年のフランスやドイツの新左翼の一部に見られたように、むしろ**反**政治的な議会外運動だった。実際にオペライズモには、トロンティの政治中心主義から距離を置いていたさまざまな潮流があり、ネグリ自身でさえ、より下の世代からはネオ・レーニン主義者として批判されていたくらいだ。[68] これに対してアウトノミアは、オ

65　E. Zaru (2018) »Subjectivity and Class Composition: Methodological Notes on Krahl and Negri«, in *Viewpoint Magazine*.
66　Y. Moulier -Boutang (1989) »Introduction«, in A. Negri, *The Politics of Subversion: A Manifesto for the Twenty-First Century*, Polity Press.
67　M. Birkner, R. Foltin (2010) (*Post-*) *Operaismus: Von der Arbeiterautonomie zur Multitude*, Schmetterling-Verlag.
68　フランコ・ベラルディ（2010）『NO FUTURE――イタリア・アウトノミア運動史』洛北出版、392頁を参照。

ペライズモと同様にプロレタリアートの構成的権力に立脚しつつも、国家であれ政党であれ、「政治の自律性」という思考モデルを拒絶している。したがって、アウトノミアは、ネグリが述べたように、むしろ「自律性の政治」として特徴づけたほうがよいだろう。

「自律性の政治」とは次のようなテーゼを意味している。すでに確立した構成された権力ではなく、権力を構成する闘争や敵対性を重視しつつも、「政治の自律性」を回避しながら労働者階級の「解放」を志向すること。言い換えれば、シュミット＝トロンティのような政治的次元での闘争や敵対性ではなく、構成された権力に抗する「自律性」という観点から社会的解放を定式化すること、政治的なものを社会的労働と生産力（協業）の次元における具体的闘争から切り離すことなく、かつ社会的労働者の主体性を政党の指揮命令下に従属させて理解しないこと、である。

ネグリも後年次のように述べている。「われわれは〔政党中心主義とは〕反対に、生‐政治の所産であるとともに生‐政治のなかで刷新を生み出す一つの主体を論じている。多数性の内部でコモンの究極目標を構築することができるのは、政治的代議制ではない」[69]。ここでネグリは、社会的生産と政治的領域が融合した過程を「生‐政治」と呼んでいる。

「生‐政治」とはなにか。ネグリはこのフーコーの概念をマルクスの「資本の実質的包摂」の意味で理解している。マルクスの場合は、フォーディズム（フーコーの場合は規律訓練システム）がそうであったように、主として工場の労働が資本のもとに包摂されると考えられていた。だが、ポスト・フォーディズム（フーコー、正確にはドゥルーズの場合は管理システム）においては、物質的な財のみならず、知識や感情といった非物質的な領域が社会の再生産にとって必要不可欠となる。つまり、労働のみならず生そのものが資本のもとに包摂されることになるというわけだ。[70]したがって、「生－政治」という概念は、社会を構成する人間たちの生（身体）の次元において、資本の権力に抗する解放の地平を切り拓くためのものであった。この生－政治という領域における「自律性の政治」が、後にマルチチュード論として展開されていくのである。

マルクス主義フェミニズムの問いかけ

ただし、マリアローザ・ダラ・コスタやシルヴィア・フェデリーチといったマルクス主義フェミニズムの存在を抜きに、オペライズモやアウトノミアについて語ることはできないだろう。ダラ・コスタたちはオペライズモ内部の男性中心主義を当時から痛烈に批判していたが、その「家事労働に賃金を」運動は、「労働力商品の再生産労働」として家事労働を定義するも

69　アントニオ・ネグリ（2010）『革命の秋』世界書院、424頁
70　A. Negri (2017) *Marx and Foucault*, Polity Press, Cambridge.

のだった。そのため、このフェミニズム運動は、伝統的なマルクス主義や労働運動のみならず、オペライズモの主流派からも分離主義として非難されていた[71]。

だが、実際にはイタリアのマルクス主義フェミニズムは、オペライズモ、そしてアウトノミアにも内在するような「政治の自律性」への批判を徹底させたものだった。「総体性としての社会」（アドルノ）において、かつて資本主義的生産の中心とされた工場システムは、社会全体へと拡張されている。だが、男性オペライストたちの「社会的工場」論は、フェミニストの観点からすると、実際には労働概念を不十分にしか拡張しておらず、生産的労働者の労働に限定してしまっていた[72]。そのため、ダラ・コスタたちは、社会＝工場（とりわけ文字通りに労働者の身体を生産する工場としての再生産領域）において、再生産労働を担う女性たちの家事やケアの労働こそが、階級闘争の出発点になるべきだと考えたのだ。つまり、アウトノミアが闘争の出発点とした「労働の拒否」（サボタージュ）は、フェミニスト的に、家事労働をはじめとする**女性**労働の拒否として展開されるべきものだった。

しばしば誤解されているが、「家事労働に賃金を」運動は、たんに無償労働への支払いを要求するものではない。その要点は、フェデリーチが強調したように、貨幣の形態＝権力に服従するのではなく、むしろ家事労働**に抗する**ことにあった。「家事労働への賃金は、再生産の問題に直結する闘いの幕開けを意味し、子育てやケアが社会的責任であることを立証するものであった[73]」。ダラ・コスタたちの運動は、再生産労働に対する支払いを、そこから最も利益を得ている資本ならびに国家に要求することで、「生産と再生産における生きた労働の完全な解放」を追求したものだった。[74] 社会国家に貨幣や現物の給付を要求する日々の制度闘争は、生産と再生産の関係総体における全面的な変革、すなわち「自律性の政治」とは区別されるというわけだ。

1980年代、「新国際分業」の名のもとに再生産領域においてグローバルな労働再編が進むと、イタリアなどの先進国では、家事やケアといった再生産労働がおもに移民女性によって担われるようになる。新自由主義政策のもとで再生産労働が市場化される一方、国際的な労働力移動をつうじて移民女性に再生産労働が配分されていったのだ。こうしてフェデリーチたちは、先進国における女性労働のサボタージュだけでは「自律性の政治」を展開できないとして、マルクス主義フェミニズムを脱植民地化する必要性を強調していく。グローバル資本主義に抵抗していくためには、土地やサブシステンス（自給自足に不可欠な生存基盤）といったコモンズを防衛（ないしは発明）する女性たちの闘争が決定的に重要となるというわけだ。[75]

71　伊田久美子（2015）「七〇年代イタリア・フェミニズムにおける家事労働賃金要求運動――「労働」の定義をめぐる闘いとその「消去」」『研究紀要』世界人権問題研究センターを参照。
72　この点については、ダナ・ハラウェイ（2001）『サイボーグ・フェミニズム』（水声社）によるマルクス主義フェミニズムの説明が参考になる。
73　S. Federici (2020) *Revolution at Point Zero: Housework, Reproduction, and Feminist Struggle*, Second Edition, PM Press, p.53.
74　伊田久美子、伊藤公雄（1986）「あとがき」『家事労働に賃金を』インパクト出版会を参照。

このように、現代の階級闘争は、グローバルな社会的再生産の領域で展開されているが、「自律性の政治」にとってフェミニストのゼネラル・ストライキが決定的に重要であることを忘れてはならない。[76] フェデリーチが述べているように、ストライキは、「抑圧に寄与するような活動を止めると同時に、違った社会として私たちが望むものの地平を広げる活動を生み出すものだった」。[77] もっとも現代では、フェミニスト闘争はもちろんのこと、反レイシズム闘争、エコロジー運動といった多様で相互に自律した解放闘争なしに、階級闘争が展開されることはありえない。[78] この意味で、ネグリとハートが提案しているように、階級闘争を社会全体に浸透させ、社会的生産・再生産の領域における「自律性の政治」を実現するためには、「社会ストライキ」が出発点となるだろう。[79]

知られざる政治思想家アニョーリ

「自律性の政治」における議会外運動の重要性を理解するために、ここで話をイタリアから西ドイツにもどそう。1970年代半ばには、オペライズモのなかでも、ドイツの評議会コミュニズムやオーストリア・マルクス主義（赤いウィーン）の経験が、イタリア共産党を批判するうえでの参照軸になると考えられるようになった。[80]「国家導出論争」のように、「資本の問題を解決する国家能力の限界と、他方で社会主義への移行において国家を利用する可能性の限界」

が問題となっていたのだ。[81] 日本ではオペライズモやアウトノミアの議論は、フーコーやドゥルーズ＝ガタリといったフランス現代思想との関係でよく語られてきた。70年代後半にアウトノミア運動が敗北した後、ネグリをはじめ多くの活動家がフランスに亡命したので理由のないことではないだろう。だが本書では、トロンティとネグリの対立から、「政治の自律性」と「自律性の政治」をはっきりと区別したうえで、当時の西ドイツで展開した議会外運動に着目してみたい。

ドゥチュケやクラールとならんで、当時の議会外運動に大きな影響を与えたのが、イタリア出身でベルリン自由大学で教鞭をとった政治理論家ヨハネス・アニョーリである。アニョーリの主著『デモクラシーの転換』（１９６８）については、ネグリも70年代のパンフレットなどで度々言及している。アニョーリはドイツの68年を代表する政治思想家であると言われるが、[82] そ

75 M. Mies & V. Bennhuldt-Thomsen (1999) *The Subsistence Perspective: Beyond the Globalised Economy*, Zed Books, p.144.
76 シンジア・アルッザ、ティティ・バタチャーリャ、ナンシー・フレイザー（2020）『99％のためのフェミニズム宣言』人文書院、15頁
77 V. Gago (2020) *Feminist International: How to Change Everything*, Verso, London
78 M. Hardt (2023) *The Subversive Seventies*, London: Oxford University Press.
79 アントニオ・ネグリ、マイケル・ハート（2022）『アセンブリ』岩波書店、319頁
80 M. Mandarini (2023) »The Marxism of Crisis and the Political Morphology of Capital«, in G. Marramao, *The Bewitched World of Capital*, Brill, p.6.
81 ホロウェイ、ピチョット（2017）

の著作は邦訳が皆無であり、日本ではほとんど知られていない。

1960年代後半に「路上の圧力」という直接民主主義を掲げた議会外反対派（APO）は、戦後西ドイツの「分断国家」に特有の反共イデオロギーに抗しつつ、東独のスターリン主義体制を批判していた[83]。70年代以降になると、APOの流れを汲む毛沢東主義のKグループなどによって、ネオナチ政党の大会開催や組織の再編成などを妨害する非暴力直接行動が展開され、世界的にもその戦闘性で有名なアンティファ運動が成長していく[84]。日本では知られていないが、APOの議会外戦略を理論的に基礎付けたのがアニョーリである。アニョーリは、西ドイツの「導出論争」において例外的に階級分析に力点を置いた論者であった。それは、彼自身がアントニオ・グラムシの伝統にならい、被支配階級がなぜ資本主義システムないしはファシズムに同意してしまうのかに力点を置いていたからだろう。アニョーリ自身、オペライズモなどのイタリア・マルクス主義における論争に大きな影響を受けていたと後年述べている[85]。ネグリとアニョーリ、そしてクラールにみられるように、オペライズモと西ドイツの議会外運動の交差を見逃してはならない[86]。アニョーリによる形態＝権力カテゴリーにもとづく政治批判は、まずもって議会政党の自律性を「自律性の政治」の観点から批判するものであった。それはどのような内容だったのか。

アニョーリは、議会制デモクラシーをかねそなえた近代国家が、資本主義システムの政治的**形態**にほかならないと主張した。ただし、伝統的マルクス主義のように議会制度がたんに階級支配の道具と把握されているわけではない。アニョーリに言わせれば、近代国家の議会制デモクラシーは本質的に、自由で民主的な秩序を確立するものではなく、むしろ資本主義システムを補完する「立憲的寡頭制」であった。[87] 古典古代のギリシアにおいて文字通り「デモス（民衆）の権力」を意味していたデモクラシーは、初期近代以降の西洋社会において大きな変化をこうむる。近代国家の規模と社会的分業の発展に対応して国家業務が多面化した結果、直接デモクラシーは実現不可能と考えられるようになった。近代のデモクラシーは、多様な利害を調整する機構として代表制を必要とするようになったというわけだ。[88]

しかし、アニョーリはむしろ議会制デモクラシーそれ自体の権力性に注意を促す。すなわち、その代議制原理によって人民の大多数に対する支配が正当化されてしまうという点だ。じっさい代議制は、人民の大半を国家の権力中枢から遠ざけておくメカニズムを内包している。

---

82 ヤン＝ヴェルナー・ミュラー（2019）『試される民主主義（下）』岩波書店、108頁
83 これ以降の記述は拙著『国家に抗するマルクス』第八章の一部を再構成したものである。
84 井関正久（2016）『戦後ドイツの抗議運動――「成熟した市民社会」への模索』岩波書店、第3章
85 J. Agnoli (2019) *Staat und Kapital : Theorie und Kritik*, Schmetterling, Stuttgart, p. 6
86 M. Tari (2022) »Lenin in England, Krahl in Italien«, in Meike Gerber, Emanuel Kapfinger, Julian Volz, *Für Hans-Jürgen Krahl*, Mandelbaum Verlag
87 J. Agnoli (2003) »Die Verhärtung der politischen Form: Das Kapital und die Zukunft des Faschismus am Ende der liberaldemokratischen Epoche«, in: Grigat, S., ed., *Transformation des Postnazismus*, *ça-ira-Verlag*, *Freiburg*.
88 ハンス・ケルゼン（2015）『民主主義の本質と価値』岩波文庫、41頁

議会制度は「人民の自由」という擬制（フィクション）のもとで、人民の代議制に対する無力、そして人民の執行権力に対する無力を保証する支配システムなのだ。たしかに、国家権力は憲法上人民に由来すると考えられている。だが、自由民主主義体制のもとでは、ファシズムの国民集会やコミューンの評議会ではなく、議会制度が暗黙の前提として疑われることがない。こうして、議会制デモクラシーにおいては、人民の権力という民主政ではなく、むしろ人民の無力化を前提とした寡頭制が成立する。資本主義システムにおいては、あくまでも立憲的寡頭制のもとで国家権力が行使されているにすぎないのだ。

アニョーリの議会主義批判は、イタリアの政治学者ガスターノ・モスカやドイツの社会学者ロベルト・ミヘルスらの「エリート理論」を下敷きにしたものである。とりわけ、『政党の社会学』（1957）で著名なミヘルスの寡頭制論は、戦後デモクラシーにおいて同意形成メカニズムが機能不全にあったことを背景に、イタリアのマルクス主義者のあいだで再評価されていた[89]。支配エリート論によれば、大衆という多数者自身が支配することはそもそも不可能である。政治的支配は歴史上かならず「指導的少数者」によっておこなわれていたからだ。それゆえ、議会制デモクラシー体制においても、大衆の政治的闘争はかならず指導者やエリートをめぐって展開されることになる。こうしてエリート論者は、代表制をたんにエリートの支配を隠蔽する擬制にすぎないとして拒絶する。アニョーリ自身も、こうしたヴィルフレッド・パレート[90]らの寡頭制論を、代表制に対する批判として肯定的に評価している。

だが、アニョーリは、議会制デモクラシーが、権威主義的な体制、すなわち根本的に大衆に敵対的な体制によって解消されるべきだというかれらの主張に同意することはない。むしろ、「自律性の政治」においては、評議会コミュニズム（ドイツ革命のレーテやロシア革命のソヴィエトのような、議会制に代替する政治体制のことで戦間期のマルクス主義者が主張した）やアナルコ・サンディカリズム（労働組合の直接行動によって議会制を否定するアナキズムのことで、19世紀末以降フランスやスペインで広がった）といった、何らかの根源的な直接デモクラシーの可能性が展望される。「現存社会主義」体制のように、新たな社会はエリートによる支配であってはならないのだ[91]。これに対して、エリート論者はシュミットと同様に、権力への具体的アクセスから大衆を遮断することを至上命題とする。だが、アニョーリは「政治的なもの」を階級的な敵対性に還元した「シュミット的マルクス主義者」ではなかった[92]。アニョーリ自身は青年期にムッソリーニを支持するファシストであり、極右と極左を自在に行き来したという点では「シュミット的マルクス主義者」にふさわしい人物なのだが。

89 氏家伸一（1994）「ミヘルス研究の現状」『神戸学院法学』第24巻第1号
90 パレートはイタリアの経済学者で、ミヘルスと並ぶ「支配エリート論」の代表的論者。
91 ヘルベルト・マルクーゼ（1974）『解放論の試み』筑摩書房
92 W. Narr, R. Stöss (2007) »Johannes Agnolis "Transformation der Demokratie". Ein Beitrag zur gesellschaftskritischen Politikanalyse«, In: *Zeitschrift für Parlamentsfragen*, 38 (4), 828-841.

エリート理論の意義は、大衆に対する「指導的少数者」の支配という政治的寡頭制が、議会制デモクラシーによって粉飾されていることを暴露した点にあった。だが、アニョーリによれば、議会制デモクラシーという擬制は、たんに政治的な支配階級システムを隠蔽するだけではない。議会制デモクラシーは、資本主義の社会的再生産領域における階級的敵対性を**脱政治化**してしまうのだ。「自律性の政治」の観点からすると、議会制デモクラシーがいかに社会的解放を阻害するのかが問われなければならない。

なぜ議会外のデモクラシーなのか

議会制デモクラシーのもとで、議会政党間の競争あるいは連合は、さしあたりブルジョワ社会の編成化過程とは別の次元において展開していく。そこでは議会政党も、労働者政党において典型的だが、その社会的基盤から切り離され、具体的な集団的利害を代表することをやめる。すでにみたように、「政治の自律性」のトロンティとは異なり、「自律性の政治」のネグリとアニョーリには、議会**内**政治の形態＝権力に対する批判的視座があった。つまり、政党は「資本の」国家と同様に、資本主義システムの「政治的」形態＝権力にほかならないというものだ。じじつ、労働者階級の政治闘争は、議会制度における労働者政党の地位拡大を求めるものとなり、政治連合における指導をめぐる選挙闘争に行き着いてしまう。階級闘争はもっぱら

「指導幹部層の循環」（パレート）および権力の配分競争へと縮減されるのである。

ただし、議会政党間の競争は、特定集団の特殊的利害ではなく、幻想的ではあれ「ネイション」[93]の一般的利害を実現することを保証する。自分たちは国民政党として一般的利害を決断しているのであり、デモクラシーの繁栄とネイションの将来にしたがっているのだ、と。ここでの近代的ネイションは、たんに階級闘争を隠蔽する虚構なのではなく、たしかにリアルな「政治的共同性」を体現している。というのも、「国家は**実際に**上位の、**実際に**諸集団の不和から解放された権力として現象する」からである。[94]アニョーリによれば、代議制の機能によって、個々の人間の利害関心においても国家化が進行していくという。人間たちは、市場社会における「自由な主体」でありながら、国家に服従する臣民＝国家市民となるというわけだ。その結果として、国家は、対立し合う諸階級とは無関係（つまり中立的）な公的権力という見かけを呈する。つまり、敵対する諸階級が政治的に統合されることで、社会的敵対性は国家次元にズラされ、国家市民間の多元的な利害対立となって現れるのだ。

アニョーリの貢献は、自由民主主義体制が実際には政治的寡頭制にすぎず、絶えず権威主義

93　ネイションとは「一定の領土において分裂した諸個人や諸階級を束ねる幻想的共同性」のことである（渡辺憲正「ネイション概念の2つの系譜」『関東学院大学経済経営研究所年報』第32集、2000年）。ネイションは、19世紀の国民国家化以降にネイション統合の思想として登場してきたナショナリズムとは区別される。
94　J. Agnoli (1990) *Die Transformation der Demokratie und andere Schriften zur Kritik der Politik*, ça-ira-Verlag, Freiburg, p.59

国家への退行傾向をはらんでいる点を明らかにしたことだ。資本主義システムにおける階級的敵対性は、政治的組織の国家化（議会政党への系列化）によってむしろ脱政治化される。つまり、社会的権力関係をめぐる政治闘争のすべてが、議会制度における対決と議会政党間の闘争へと還元されてしまうのだ。

立憲的寡頭制においては、たんに議会内部で指導的少数者に権限が集中するだけではなく、議会外部に存在する支配層と議会内の政治的エリートが結びつきやすくなる。たしかにこれは、次のシュミットによる議会制批判と完全にシンクロしている。「諸政党あるいは政党連合のより少人数の、また最小の人数の委員会が、閉じられた扉のうしろで決定を下すのであり、大資本の利益コンツェルンの代表たちが最も少人数の委員会でとりきめることが、数百万人の日々の生活と運命にとって、議会における政治的諸決定よりもさらに重要なのである」[95]。しかし、アニョーリにとって、「同種性」（シュミット）に基づく政治的統一を新たに創出したナチズムは、ドイツの民衆を政治化したわけではまったくなかった。というのも、ナチズムは「健全な」資本主義経済と共存する「強い国家」を再建しようとした点で、近代国家を破壊するものではなかったからだ。

「自律性の政治」において重要なのは、人民大衆が自分たちの埋め込まれている社会的紛争、そして階級的敵対性に直面することで、社会的解放を実現するための政治的自己組織化に向かうことである。極左アニョーリの反議会主義はファシズムの反議会主義と同じものだと考えられがちだ。[96]だが、実際にはファシズムは反デモクラシーのエリート主義にほかならなかった。というのも、決定権限を議会から政党という閉鎖的なエリート集団に移すだけで、立憲的寡頭制における人民の無力をよりいっそう拡大したにすぎないからだ。

アニョーリは、当時退行しつつあった自由民主主義体制において、国家の社会政策によって民主的社会主義を目指すのではなく、議会外の直接デモクラシーを発展させる必要があると考えていた。なぜなら、「議会の戯れに深入りし、支配をめぐる紛争の本質的手段として議会外闘争をもはや実践しないようなもともとは反対派の政党は、その解放的性質を失い、官僚的統合装置へと転化する」からである。[97]議会**内**反対派（トロンティ）ではなく根源的に反対派の政治的組織だけが、あらゆる種類の寡頭制的転換に対抗できるというわけだ。ただしアニョーリは、ジャコバン主義や革命的サンディカリズムのように反議会の暴動や一揆のみを志向しているわけではなかった。APOはその言葉通り議会外の自己組織運動であって、政治的組織化をつうじて議会政治の形態＝権力に対抗するものであった。「組織化されたノーだけが国家市民的で議会的な強制的同質化 Gleichschaltung の枷を破壊し、指導をめぐる紛争を、支配をめぐる紛争へと再び拡大しうる」[98]。

95 カール・シュミット（2015）『現代議会主義の精神史的状況』岩波文庫、60〜61頁
96 ミュラー（2019）、111頁
97 J. Agnoli (1990), p.82

左右問わず議会制デモクラシーの擁護者や議会政党の支持者は、しばしば議会外反対派を反デモクラシーと批判する。だが、それはデモクラシーを議会主義と同一視しているからにすぎない。SDSでクラールたちの先輩であった批判理論家のオスカー・ネクトもこう述べていた。「代議制デモクラシーの物神崇拝化によって、民衆が議会外のあらゆる活動をするうえで、法＝権利的に正当化し難い闘争手段が生み出され、民主的な法＝権利の実現がもっぱら国家権力や憲法制度にまかされる」[99]。しかし、「自律性の政治」においては、議会政党は従属変数であり、社会的解放にとってのその可能性はむしろ議会外反対派の自己組織化に依存しているのだ。

現代の社会革命論

「最初にある「労働者の」抵抗」というトロンティのテーゼを引用しながら、20世紀後半の新左翼は、意識的ではないにせよ、「シュミット的マルクス主義」を掲げるようになった。伝統的マルクス主義の経済決定論を否定するためであったのはたしかに理解できる。ポスト・マルクス主義の代表者であるエルネスト・ラクラウは、賃労働と資本の関係を、たんなる階級闘争ではなく、むしろ階級関係に対して外在的な「闘争の場」として把握する。そのポピュリズム論でも、ラクラウは徹底して「政治的なものそれ自体の存在論的な構成」を探究している。

「人民の構築というすぐれた政治的行為」は、異質性を前提とした敵対性の境界を構成するが、敵対関係それ自体は社会的領域と無関係である。むしろ、「政治的なもの」は、社会的再生産とそこから独立したアイデンティティとの関係において構成されるというわけだ。[100] 端的には、二つの陣営（左派と右派）に分割された社会的領域において多様で異質な要求が主張され、人民とは誰かというアイデンティティが構築されることになる。こうしてラクラウは、商品や貨幣、資本といった「経済的領域」から「政治的領域」を存在論的に分離することで「政治の自律性」を再構成するのである。

しかし、西ドイツの批判理論や国家導出論争、そしてオペライズモからアウトノミアへの展開を見ていくと、「シュミット的マルクス主義」が、1968年新左翼の政治思想の一断面にすぎないことがわかる。「シュミット的マルクス主義」の嫡子であるポスト・マルクス主義は、「政治的なもの」を「社会の経済学《ポリティカル・エコノミー》」批判から切り離すことを特徴としている。その結果、国家ならびに議会制度は、ヘゲモニー闘争の政治的領域として自律化させられる。ラクラウによれば、資本主義システムは「もはや純粋に経済的な現実としてではなく、経済的・政治

98 ibid.
99 O. Negt (1976) *Keine Demokratie ohne Sozialismus: Über den Zusammenhang von Politik, Geschichte und Moral*, Suhrkamp, Frankfurt/M., p.40
100 エルネスト・ラクラウ（2018）『ポピュリズムの理性』明石書店、第5章

的・軍事的・技術的その他の規定因が全体の運動の規定に参与する、一つの複合体」なのであって、「その部分的安定化は本性においてヘゲモニー的なのである」[101]。

だがネグリが指摘したように、グラムシに由来するヘゲモニー論は、そもそも「プロレタリアの党の活動と勝利に基盤をおいた仮説」[102]であり、その意味でトロンティのような「シュミット的マルクス主義」と親和性が高いものだった。こうして、シュミットとグラムシを介したポスト・マルクス主義は、「社会の経済学《ポリティカル・エコノミー》」批判ではなく、経済的領域から自律した政治的領域にのみ焦点を当てることになる。したがって、アドルノやクラールが展開したような「総体性としての社会」についての批判理論が当然放棄される。社会の敵対性が交換主体の行為や意識との関係において把握されることもない。

だが、たとえ政治的なものに「特殊性」や「種差性」はあったとしても、そこに「自律性」はないのだと私たちははっきり認識するべきだろう。というのも、資本主義システムにおいて「政治的なもの」はつねにすでに「総体性としての社会」に埋め込まれており、生‐政治的過程の構成要素にすぎないからだ。

「シュミット的マルクス主義」のように敵対性や闘争を強調するだけでは、20世紀の国家社会主義を再現するのが落ちである。クラールやネグリが強調したように、国家や政治的制度が資本のもとに包摂された「総体性としての社会」においては、「政治の自律性」ではなくむしろ「自律性の政治」が志向されなければならない。すなわち、生‐政治の領域において自律性を奪還するような解放のプロジェクトである。

近年ムフやニック・スルネック[103]が主張する左派ポピュリズムは、ネグリやホロウェイといったアウトノミア・マルクス主義者が称揚する15M《キンセ・エメ》運動やオキュパイ運動を、政治的組織やヘゲモニーの要素を欠いた「フォーク・ポリティクス（素朴政治）」であると批判する。21世紀の左派はポピュリズムやヘゲモニー闘争によって、新自由主義に代わる中長期的な政治的プロジェクトを考案しなければならないというわけだ。南欧や欧米においても左派ポピュリズム（シリザ、ポデモス、サンダース、コービン、メランション）の政治運動が台頭してきたが、スペインのアウトノミア派であるラウル・サンチェス＝セディージョは、こうしたシュミット的マルクス主義としての左派ポピュリズムを次のように批判している。「ポデモスにとって国家は決断主義を恒常的に維持するための道具に過ぎない。かれらは国家を内在的に捉えることを知らない[104]」。セディージョは、15M運動の制度的ポピュリズム化という経験をふまえ、21世紀において改めてネグリの言う「自律性の政治」が「政治の自律性」からの断絶であることを強調している。

101　同上、306頁
102　ネグリ、ハート（2008）、197頁
103　カナダ出身の哲学者で、プラットフォーム資本主義に関する著作がある。
104　ラウル・サンチェス＝セディージョ（2016）「新たな闘争サイクル」『資本の専制、奴隷の叛逆』航思社

ネグリ自身もまた、セディージョとの共同作業から晩年にこの点を再度明確化している。[105]『構成的権力』（１９９２）では、労働というカテゴリーが、伝統的マルクス主義のように資本の価値増殖の基礎（経済的カテゴリー）としてのみならず、国家形態としての憲法的構造をも構成する法学・政治的カテゴリーとして理解されていた。２０１５年のスペイン語版序文では「構成的権力」が三つの次元において整理されている。①前進的な転換行為の動力、②「政治の自律性」からの断絶、すなわち政治的なものと社会的なものが融合したイニシアティブ、③さらなる多元主義の要請およびその構成化、である。[106] ネグリは、明らかにここで、プロレタリアート（後期ネグリにとってはマルチチュード）の構成的権力から、シュミット的な主権や例外状態といった概念を排除している。シュミット的マルクス主義は、敵対性や異質性を強調しながらも、「政治の自律性」という思考形態によって構成的権力を絶えず主権に収斂させてしまう。だが、ネグリ＝セディージョは、構成的権力を多元的な生－政治的過程として再定義し、「自律性の政治」を現代の社会革命のゼロ地点として提示するのだ。

105　A. Negri & R. S. Cedillo（2015）, *Für einen konstituierenden Prozess in Europa: Demokratische Radikalität und die Regierung der Multituden*, transversal texts

106　A. Negri (2015) »Prefacio a la edición en español«, in *El poder constituyente: ensayo sobre las alternativas de la modernidad*, Traficantes de Sueños.

第二部

マルクスとシュミットの邂逅

第一章 主権の批判理論

主権とは何か

本書の「はじめに」では、「国家以外にはどこにも最終的で絶対的な権威は存在しない」という現代ではありふれた「主権的思考モデル」から考察をはじめた。[107] しかし厳密に言えば、主権とはつねに**国家の**主権を意味するものではない。国家が社会における究極の権威であり、国家以外には主権がないという**状態**そのものが歴史の産物だからだ。

たとえば、政治理論の教科書でいつも最初に言及される、紀元前5世紀から4世紀末の古典古代ギリシアをみてみよう。当時の政治的共同体ポリス（都市国家）は、自由な市民による民主政を発明したことで知られる。しかし、市民の資格はオイコス（家政）の家長に限られていた。社会生活の基礎であるオイコスにおいては、その家長が妻や子ども、使用人に対して強力な権威を保持していた。すぐあとで詳しく述べるが、時代を下って、中世の西ヨーロッパは総じて主権の不在と呼ぶことのできる状況にあった。王侯などの主君が、その臣下と土地を介して主従契約を結んでいる社会、つまりは封建制のことである。そこでは、政治的権力は分散して存在しており、教会やギルド、同職組合といったさまざまな社団が、王権から相対的に自律した権威を維持していた。
今度はアジア、ユーラシア大陸といった地域に目を向けてみよう。ヴェーバーの有名な類型を参照するならば、オリエント(東方)世界では、中世のヨーロッパとは対照的に、中間団体や自発的結社の発達があまりみられなかった。それゆえ、広大な領域をもつオリエント世界では頻繁にデスポティズム(専制主義)が登場することになった。しかし、専制国家はたしかに高度に集権化した官僚制をかねそなえていたが、社会を統合するほどの権力がなく、とうていまだ主権国家と呼べるものではなかった。たとえば中国では長らく、王権による統制が及ばない同業者組織や任意団体が地方レベルで数多く存在していたという。[108]
以上のように、主権的思考モデルを相対化するためには、まず近代ヨーロッパ以外の歴史や地域を考慮するとよい。ポリスであれ、専制主義にしろ、たとえ国家と呼ぶことができるとしても、他の社会集団に優越した機構というわけではなかった。主権とはそもそも、国家に一元的に見いだすことはできなかったのだ。むしろ国家以外の各社会組織に政治的権力が分散していたのであり、主権ではなくアナーキー(無支配)こそが社会の原則であった。

107 F. H. Hinsley (1986) *Sovereignty*, Cambridge University Press, Cambridge
108 足立啓二(1998)『専制国家史論』柏書房、第Ⅲ章

主権国家の歴史的背景

私たちに馴染みのある主権国家へと国家が変貌をとげる背景には何があったのだろうか。ジャン・ボダンやトマス・ホッブズに代表される主権の政治思想を考察するまえに、まずはその歴史的経緯をふりかえっておこう。

かつてのマルクス主義の考え方では、18世紀末のフランス大革命は「ブルジョワ」革命と呼ばれた。資本主義の発展にともなって力をつけたブルジョワジーが絶対王政を打倒することで、はじめて近代的な主権国家が成立すると考えられたのだ。これは、社会構造の変化を経済や階級関係から説明する見方である。しかし、このような単純な図式では主権国家の特徴を理解することはできない。なぜなら、マルクス主義が強調する資本主義の成立以前に、すなわち資本主義という経済システムに先立って、主権国家が誕生していたからだ。

近代ヨーロッパにおける国家の主権化を把握するためには、むしろ初期近代（16世紀）以降のアンシャン・レジームに目を向ける必要がある。初期近代において国家は、主権国家という統一的で中央集権的な国家ではなかった。むしろ近年の歴史学では、16世紀から18世紀のヨーロッパにおいて、内部にさまざまな社会集団を抱え、領域を超えて王権が重なっているなど、不安定で重層的な「複合国家」が典型的であったと考えられている。[109] アンシャン・レジームにおける国家は私たちが考えている意味での「主権」国家とはほど遠いものだった。

フランス大革命以前の「旧体制」を意味するアンシャン・レジームとは、フランス史上の「絶対王政」をたんに意味する言葉ではない。アレクシ・ド・トクヴィルはそれを14世紀ヨーロッパの「古い基本体制」の遺物と位置づけている。[110] 中世ヨーロッパの支配構造は、オリエント世界の専制主義と異なり、垂直的なヒエラルヒーをもたなかった。封建制の特徴である権力分散的なネットワークのなかで、王権は絶えず貴族や領主との競争関係におかれていた。しかし、「アンシャン・レジーム」時代になると、王侯あるいは君主の政治的権力がしだいに社会全体に浸透し、王権は普遍的に通用するものとなった。[111] トクヴィルはフランス革命によって生じた中央集権制を問題視したが、その特徴は「アンシャン・レジーム」にすでに見いだされるものだった。

断片的な権力システムをもち、社会全体としてはアナーキー（無支配）な封建制が、どのようにして王権による一元的な支配へと移行していったのか。そもそも王権の支配は、封建制と「アンシャン・レジーム」に共通して、軍事力を背景とする保護から成り立っていた。王侯や

109 岩井淳（2024）『ヨーロッパ近世史』ちくま新書
110 アレクシス・ド・トクヴィル（1998）『旧体制と大革命』ちくま学芸文庫
111 H. Gerstenberger (2006) *Die subjektlose Gewalt: Theorie der Entstehung bürgerlicher Staatsgewalt*, Westfälisches Dampfboot, Münster, S.502.

君主、そして対抗関係にあった貴族や領主は、それぞれ従士団（戦士共同体）を抱えており、彼らを扶養するためには富が必要であった。[112] 富は基本的に、貢租や賦役をつうじて、領主の保護下にある小農の耕作地から捕獲された。封建社会とアンシャン・レジームで見られた富の捕獲形態は、後の資本主義システムとは大きく異なるものだった。マルクス主義経済史家であるロバート・ブレナーは、それを暴力的強制力による「政治的蓄積」と名付けている。[113] 第一部でみた「生産者としての」国家は、より強力で効率的な軍事力を組織することで、開墾あるいは入植をつうじた領土を拡大していく。その結果、国家は小農から剰余をより多く捕獲できるようになる。この政治的蓄積のもとで、王権は軍事力をより合理的に組織することで、だんだんと競合する貴族や領主に打ち勝っていった。これがさらに国家の所有物である国庫の形成を促進した。こうして王権は、貴族や領主を介することなく、直接に小農から地代（租税）を徴収できるようになった。

アンシャン・レジームにおける国家の集権化は、たんに国内の政治的蓄積によるものではない。たしかにマルクス主義の歴史家たちは、資本主義世界システムを分析する際に通貨システムや貿易などの国際経済にフォーカスをあててきた。だが、国家と国家のあいだの対立や協調（国際政治）はほとんど考察されることがなかった。これに対して、近年の歴史社会学では、主権国家の形成においては国家間の貿易関係よりも国家間の外交関係が重要であることが指摘されている。つまり西ヨーロッパのアンシャン・レジームにおける地政学的システムである。たとえば、ハプスブルク家といった王朝どうしの政略結婚は、国家の領域を拡大させ、それにともなって国庫の規模も増加していった。[114] こうした国家間の競争と戦争は17世紀以降の西ヨーロッパにおいて軍事技術の近代化を促進したとされる。[115] その結果、ますます軍事費が増大し、それを補うために小農からの搾取も強化されることで、国内の政治的蓄積がいっそう発展していった。王権は、新たな税収入と国庫の合理化によって、軍事力と財政力を集権化したのである。ブレナーが指摘した政治的蓄積のメカニズムは国際関係の領域において理解されなければならないのだ。

こうした国内外の政治的蓄積を背景として、アンシャン・レジームにおいては王権支配が普遍化した。貴族や聖職者といった「等族（身分）」にかわって、君主権力が一定の領域（テリトリー）を統治するようになったのだ。だから今日においても、主権国家とは領域国家のことだと言われるのである。王権の普遍化は、財政力と軍事力の拡大にともなう貨幣経済の発展なしには成立しなかった。もっとも、アンシャン・レジームにおいては、市場経済が後の資本主義

112 W. Reinhard (1999) *Geschichte der Staatsgewalt. Eine vergleichende Verfassungsgeschichte Europas von den Anfängen bis zur Gegenwart*, C. H. Beck, München, S.33.
113 ロバート・ブレナー（2013）『所有と進歩――ブレナー論争』日本経済評論社
114 ベンノ・テシィケ（2008）『近代国家体系の形成――ウェストファリアの神話』桜井書店、第7章
115 オットー・ヒンツェ（1975）『身分制議会の起源と発展』創文社

システムのように全面化していたわけではない。とはいえ、国家が国内のどの地点でも同じように権力を行使するための手段として、貨幣形態にある富が不可欠となっていた。さらに国外では国際貿易の決済手段としても貨幣が必要とされた。こうして富の捕獲形態は、政治的蓄積のもとで暴力的強制力に支えられながらも、次第に市場システムを前提とするようになっていく。たとえばフランスでは、司法や行政の権力保持者を王権の支配に統合するためではあったが、官職のような身分的特権までもが市場で取引されるようになった。ボダンやホッブズなどの主権理論を読み解くためには、王権の普遍化とそれと結びついた市場の拡大という歴史的背景を理解しておく必要がある。

古典的な主権理論——ボダンとホッブズ

16世紀のフランスを生きたボダンは、主権を「国家の絶対にして永続的な権力である」と述べたことで知られる。主権という概念を国家の主権として初めて定義したのがボダンだった。その主張がこれまでの政治理論と異なっていた点は、主権の所在を意味する国家形態を、貴族政や民主政といった政府（統治）形態から明確に区別したことにある。[116] 封建社会では貴族や領主が王侯のライバルであり、さまざまな社団が王権から自律した政治的権力を維持していた。これに対して、アンシャン・レジーム時代のボダンは、土地や官職といった身分的特権が究極的には主権者に帰属することを主張した。

ボダンの主権論は、封建制の権力分散システム、すなわちアナーキーを克服することを目的としたものだった。たしかに、アンシャン・レジームは、身分や特権にもとづく「人格的支配」という点で封建社会と共通点をもっている。しかし、アンシャン・レジームにおいては、人格的支配が封建制のように断片的に存在していたわけではなかった。そうではなく、王権の集権化と市場システムのおかげで、人格的支配が一定の領域において普遍的に通用するようになった。つまり、国家以外の等族（身分）の特権や社団（教会や都市の職人組合）といった特殊な政治的権力が、普遍的な国家の主権に従属するようになっていたのだ。ボダンは、アンシャン・レジームにおける国家の絶対性を示すために、神の超越性をアナロジーとして用いている。その意味でボダンにおいては、後の社会契約論のように、王や人民が主権を構成するなどとは考えられていない。ボダンの主権理論は、いわば**神学**が世俗化したところの政治的神学なのだ。[117]

かたやホッブズにおいては、ボダンの主権論がより近代的な形態をとっている。ホッブズは、一般に「社会契約論」の創始者の一人として知られるが、その政治理論の特徴はむしろ主

116 E.M. Wood (2012) *The Ellen Meiksins Wood Reader*, Brill, Leiden, p.165.
117 カール・シュミット（2024）『政治的神学』岩波文庫、60頁以下

権論にあったと言えよう。ホッブズは国家を、旧約聖書に登場する海の怪獣、リヴァイアサンと名付けた。それは、ボダンのような超越的な神のことではなく、あくまでも世俗（世界）における最強の神にほかならなかった。[118] 17世紀を生きたホッブズのイングランドは、同じアンシャン・レジームとはいえ、ボダンのフランスよりも貴族権力が強く、しかも国家は大陸ほど戦争状態に置かれることが少なかった。その結果、イングランドでは国家の集権化が比較的弱く、とりわけ農村部において市場経済化が大陸よりも容易に進展することになった。イングランドは、ヨーロッパのなかでも特殊なアンシャン・レジーム社会だったと言える。じじつ、ホッブズのイングランドでは、王権と議会（地主貴族や都市民などの代表）の対立が激化し、内乱と二度の革命がたて続けに生じるカオス状態に陥っていた。

たしかに、フランスでも16世紀後半には宗教戦争という大きな内乱が発生した。しかし、これはむしろアンシャン・レジームにおける王権の普遍化というコンテクストにおいて理解されるべきものだった。宗教戦争は、いわゆる宗派形成、つまり宗教の私事化によって世俗化が進行していく過程であった。フランスにおいて身分的特権と王権に象徴される人格的支配が最終的に排除されるのは、18世紀末の大革命を待たなければならない。そこでは、等族の財産は集権化された国家によって収奪され、「中間団体」や断片化した司法・行政機構は国家によって解体された。さらに、革命後のナポレオン第一帝政下において、私的個人の契約自由や私的所有権を保証する近代法システムが整備されたことはよく知られている。フランス革命が資本主義経済の発展を促進した「ブルジョワ革命」と呼ばれる所以である。

ところが、フランス革命に先立って、はやくも17世紀に農村を中心に資本主義が発展しつつあったイングランドでは、人格的支配を排除し、政治参加の権利を要求するような社会的闘争が生じていた。ホッブズが直面した内乱は、たんなる宗教戦争ではなく、真の意味での内乱civil war、つまり**市民の**戦争であった。ホッブズは、ボダンのようにもはやアンシャン・レジームを所与の前提とすることはできなかった。王権を含めたあらゆる身分的特権が解体されているなかで、現実にはバラバラな人民大衆（マルチチュード）しか存在しないという社会的事実をホッブズは認めざるをえなかった[119]。それゆえ、ホッブズの主権論は、ボダンのものと違って、身分的特権やさまざまな社団によるアナーキーを克服するためのものではない。彼の目的は、むしろバラバラな諸個人（マルチチュード）のアナーキーを克服することで、国家（コモンウェルス）を構成する主体（臣民）を立ち上げることにあったのだ。

ホッブズがその主著である『リヴァイアサン』（1651）を執筆したのは亡命先のパリであったと言われている。たしかにイングランドの内乱において、ホッブズが、議会と対立する王政を政治的に支持したのは事実だ。しかし、だからといってホッブズが専制主義やいわゆる絶

118　ジョエル・ウェインライト、ジェフ・マン（2024）『気候リヴァイアサン』堀之内出版、第1章
119　Wood (2012) Ch.3.

対王政を正当化したことにはならない。むしろ彼の自然権思想は、近代的リベラリズムの起源と言うべきものだった。ホッブズの考えでは、万人が自然権（「自らの自然、つまり自分自身の生命を維持するために、自分自身が意志するとおりに自己の力を用いることのできる権利」[120]のこと）をもっている。かれの自然権思想は個人主義的な思考モデルを特徴とするものだった。ここで素朴な疑問が生じるだろう。世俗の神を正当化する主権理論と個人主義的な思考モデルがいったいどうして両立するというのだろうか。

国家成立以前の自然状態は、ホッブズの代名詞とも言える「万人の万人に対する闘争」、つまり国家無き戦争状態を論理的に仮定したものである。いわゆる「社会契約論」では、自然状態にある諸個人が互いに契約を結んで国家を設立したと考えられている。しかし、ホッブズ自身は、「現実に存在する」国家の起源は、征服者、あるいは暴力的強制力を高度に組織した団体にあると考えていた。ホッブズが示したかったのは、あくまでも仮説としての自然状態において、諸個人（マルチチュード）がどのような「政治的義務」をもたねばならないか、ということだった。たしかに、諸個人には自己保存のために自己の力を用いる自由が認められている。しかし、ホッブズにとって自然権は、主権者にそれを譲渡することなしには享受されえないものだった。一面では個人の自由、他面では主権者への絶対的服従。これがよく知られた「ホッブズのパラドクス」である。

自由なはずの自然状態において、なぜ各個人は主権者としての国家に全面的に服従する必要があるというのか。ホッブスの主権論が克服の対象としたのは、たんなる宗教内乱や政情不安によるカオス状態ではなかった。ホッブズが想定するマルチチュードは、ただ暴れ回るだけの荒くれた群集のことではないのだ。ホッブズの目的は、「所有的個人（私的所有者）」[121]どうしのアナーキーを克服することにある。じじつ、ホッブズが仮定した自然状態は、後にジャン＝ジャック・ルソーが批判したように、「文明社会」から導きだされたものにすぎなかった。「万人の万人に対する闘争」は、文字通りの戦争状態のことではない。人民大衆は、征服者や軍隊のような暴力的強制力への恐怖を理由に、主権者に服従するわけではないのだ。自然状態＝戦争状態とは、「十分に、あるいは快適に生きたい」と欲求する文明人たちの世界である。そこでは、マルチチュードは互いに相手を打ち負かすような力を追い求める。それゆえ、自然状態ではアナーキーが常態化してしまうことになる。

じつは諸個人の力が対立し合うホッブズの自然状態は、17世紀イングランドで初めて展開した競争的市場の特徴に合致する。ホッブズの近代性は、アンシャン・レジームとは異なり、身分的特権や人格的支配が排除された所有的市場社会を前提としている点にある。つまり、個人が自己自身の所有者である限りにおいて、個人の自由と平等が成立するような社会である。こ

120　トマス・ホッブズ『リヴァイアサン上』（2022）ちくま学芸文庫、212頁

121　C・B・マクファーソン（1980）『所有的個人主義の政治理論』合同出版、第二部。マクファーソンのホッブズ解釈は現代でも魅力的なものであり、本章の議論のインスピレーションの源となっている。

の市場社会から演繹された自然状態においては、諸個人は人格的支配によって保護されることがないため、万人が**平等に**「死の恐怖」に直面している。それと同時に、諸個人は等族や特権からも解放されているため、万人が平等に自らの所有権を脅かされるという危険に直面している。そこで「市場社会というユートピア[122]」においては、これら二つの不安定性を解消することが必要不可欠となる。つまり、相互に破滅することのないまま相互に競争し合う世界がつねに希求されるというわけだ。戦争や掠奪ではなく、平和と秩序を。これが市場社会の命題である。だからこそ、自由な諸個人は、逆説的なことだが、主権者すなわち「世俗的な権威に無条件に服従」しなければならない[123]。市場社会は必然的に主権国家を要請し、逆に主権国家は市場社会を保証する。そのために、文明化したマルチチュードのアナーキーを終結させなければならないというわけだ。

主権の批判理論

ここまで、西ヨーロッパのアンシャン・レジームと地政学的システムを背景として、イギリスでは17世紀に、フランスでは18世紀に国家が主権化していったことをみてきた。主権国家は、王政や議会政といった政府の統治形態に関わりなく一定の領域を統治する、絶対的で不可分な政治的権力のことである。しかし、ホッブズの主権論に見られたように、絶対的な権威をもつ国家はただの専制主義ではなかった。というのも、所有的個人主義というリベラリズム、すなわち市場社会のアナーキーの保証を存在理由としているからだ。じっさいにホッブズ自身も、諸個人の私的所有は国家の主権的権力なしには成立しえないと述べている。[124]リヴァイアサンが地上における最強の神であるとして、その地上でなぜ最強となりうるのかが問われなければならない。つまり、国家の主権化をもたらす社会の権力システムを明らかにする必要があるのだ。国家の主権は、その背後にある社会システムから切り離して理解することはできない。主権国家と市場社会は、互いに条件づけ合う存在であり、同じコインの両面である。

だが、古典的な主権理論は、第一部で考察した批判理論の観点から再検討される必要があるだろう。ここでもマルクスとシュミットの邂逅を手がかりとしたい。そこで舞台を19世紀の西ヨーロッパに移してみよう。

領域国家として定義される主権国家は、19世紀以降に国民国家へと変貌を遂げる。[125]王権の支配下で発展していた「財政＝軍事国家」は、いわゆる民事国家へと転換し、領域内の住民を、たんに暴力的強制力によって収奪するのではなく、「国民」として組織するようになった。国

122 ピエール・ロザンヴァロン（1990）『ユートピア的資本主義』国文社
123 レオ・シュトラウス（1990）『ホッブズの政治学』みすず書房、148頁
124 トマス・ホッブズ（2014）『ビヒモス』岩波文庫、232頁
125 C. Tilly (1990) *Coercion, Capital, and European States, AD 990-1992*, Blackwell, Oxford, Ch.1.

家は、インフラストラクチュアを整備することで国民の社会生活を調整し、家族や人口に対する社会政策をおこなうようになったのだ。しかしなぜ、19世紀になって主権国家は自らを民事化・国民化する必要があったのだろうか。その背景には、資本主義という経済システムがイングランドに続き大陸ヨーロッパを舞台として時空間的に拡大・発展していたことがある。主権国家は、ホッブズが想定したように、もはや所有的個人主義を保証するだけの存在ではなくなった。マルクスが生きた19世紀において、国家は、暴力的強制力ではなく市場の権力をつうじた剰余の捕獲、つまり資本の運動を保証するようになっている。国家は、その世界市場への統合をつうじて無所有化し、新たに「資本の」国家となるのだ。

そもそも主権の批判理論にとってマルクスの議論がどのような意味で重要なのだろうか。マルクスの主権論なるものがあるとすれば、その特徴は、ボダンやホッブズにおいて国家に帰属すると考えられた主権を、国家の外部にズラしたことにある。マルクスは晩年の「ヘンリー・メーン」抜粋ノートにおいて、ホッブズとジェレミー・ベンサム、その追従者であるジョン・オースティンの命令説を念頭に、国家の主権的権力を社会システムから自律化させて把握する見方を批判している。マルクスの考えでは、主権国家の絶対的性格は外観上のものにすぎず、国家の主権的権力を構成するのは、個々の人間たちが主体的に取り結ぶ生産の関係にほかならない。イマニュエル・ウォーラーステインが強調したように、18世紀後半から19世紀にかけて、西ヨーロッパ以外の周縁部においても資本主義が世界システムとして形成されていった。

マルクスは、ホッブズのように主権国家という自律した「政治的領域」をもはや所与の前提とすることはできなかった。むしろ、主権国家の隠れた基礎でありながら、主権国家をも呑み込んでしまうような権力システムに着目する必要があったのだ。第一部でみた、非経済的領域をとことん食い尽くす資本の形態＝権力のことである。

資本主義という経済システムのもとでは、国家は自らの暴力的強制力によって富を収奪することはできない。国家の軍事力や財政力は、あくまでも市場を媒介とする剰余価値からファイナンスされるからだ。アンシャン・レジーム以前の「政治的蓄積」とは異なり、「資本の」国家は、もはや自らがその一部であった生産関係から撤退している。したがって、資本主義システムのもとで国家は経済システムに直接関与することができなくなった。主権国家は、絶対的存在どころか、「資本の」国家として、資本に従属した機構になりさがってしまっているのだ。マルクスの分析は、たんに経済システムに向けられたものではない。むしろ、国家と国家間関係を超越するような**資本の**主権が成立する可能性を示唆したものだった。[126]

126 「ドイツ・イデオロギー」諸草稿（1845-46）では次のように述べられている。「ブルジョワ社会は生産力の或る特定の発展段階の内側における諸個人の物質的交通の全体を包括する。それは一つの段階の商業的および工業的生活の全体を包括するのであって、そのかぎりそれは、なるほど別の面でそれはそれなりに外に対しては国民として認められ、内にあっては国家として編成されざるをえないとはいえ、**国家と国民を越えたものである**」。カール・マルクス、フリードリヒ・エンゲルス（1963）『マルクス＝エンゲルス全集　第3巻』大月書店、32頁

「リヴァイアサン2・0」の時代に

ネグリとハートは、グローバル化した現代において「国家主権」を超えるような主権のあり方を〈帝国〉と呼んだ。このフレームワークは、直後に生じたイラク戦争が米国の「帝国主義」を象徴するものだったこともあり、数多くの批判を呼んだ。最近でも、イタリアの政治哲学者であるロベルト・エスポジトがネグリに直接疑義を呈している。[127] 21世紀は、国家主権が弱体化するどころか「リヴァイアサン2・0」[128]と呼ぶべき状況にあり、戦争と国家が再び社会の構成原理となっているのではないか、と。しかし、〈帝国〉論の目的は、マルクスと同様に、資本に包摂された国家および国家間システム、つまり「資本の主権」を明らかにしようとするものだった。ネグリたちの批判的な主権理論は、マルクスの「社会の経済学《ポリティカル・エコノミー》」批判、さらにはシュミットの憲法論から着想を得たものである。

マルクスは『資本論』（第一巻）において、生きた労働（労働力）と死んだ労働（資本）というカテゴリーを用いて、資本の自己増殖運動をヴァンパイアとして描き出した。「資本とは、生きた労働を吸収することによってのみ吸血鬼のごとく活気づき、しかも生きた労働をより多く吸収すればする程ますます活気づく死んだ労働である」[129]。資本の権力は、自らのうちに存在基盤を持っているわけでは決してない。無限の価値増殖を追求する資本の運動は、実は市場で交換される労働力と生産過程でおこなわれる労働なしには成立しえないのだ。生産者が生産手段を資本とするようにして関わること、つまり賃労働がおこなわれることによって資本の権力は構成される。資本それ自体は、生産手段に代表されるように、ただの過去に投下された労働にすぎない。資本自身に権力が備わっているわけではなく、その権力は現在の、そして将来の労働によって絶えず構成されているというわけだ。資本は労働という生き血を吸うことによって、まるで絶対的権威をもつ主権者のように行動し、自らの存在基盤である労働をますます食らおうとする。

マルクスが資本を「死んだ労働」と呼んだ理由は、資本の権力があくまでも生きた労働によって絶えず構成されているからだ。資本は**構成された**権力にすぎず、労働こそが資本の権力を**構成する**のである。それゆえ、まずもって労働と資本は、賃労働者と資本家という二項対立ではなく、一連の権力関係として理解されなければならない。こうしてマルクスの「労働＝資本」論は、１９７０年代に台頭したイタリアのオペライズモ（労働者主義）運動によって、政治的な領域へと拡張されることになる。しかし、第一部でみたように、資本の運動に労働者の闘争が先行するというテーゼは、「政治の自律性」（シュミット＝トロンティ）ではなく、「自律

127　A. Negri (2022) »Roberto Esposito in Dialogue with Toni Negri«, in *The End of Sovereignty*, Polity Press.
128　C. S. Maier (2014) *Leviathan 2.0: Inventing Modern Statehood*, Belknap Press
129　カール・マルクス（1965）『マルクス＝エンゲルス全集　第23巻　第1分冊』大月書店、302頁

性の政治」（マルクス＝ネグリ）として解釈されなければならない。資本主義システムにおける「政治的なもの」は、あくまでも社会的労働と生産力（協業）の次元に存在するからだ。そういうわけで、ネグリたちはフーコーの概念を援用して、社会的生産と政治的領域が融合した過程を「生－政治」と呼んだのだった。

〈帝国〉の政治理論において、生きた労働は構成する権力（マルチチュード）、死んだ労働は構成された権力（主権）と定義される。政治的領域はまずもって、国家の主権（構成された権力）ではなく、むしろそれに対立するマルチチュード（構成する権力）の次元に位置づけられているのだ。〈帝国〉のフレームワークは、第一部でみたように「構成的権力」という概念を生－政治的過程において再構成することで、「政治の自律性」からの断絶を試みたものであった。

ところで、構成的権力（構成する権力／構成された権力）というダブル・ミーニングの概念を生み出したのは、フランス大革命前夜に『第三身分とは何か』（1789）を著したE＝J・シエイエスだと考えられている。憲法論の観点からシエイエスの「構成的権力」概念に光を当てたのがシュミットだった。シュミットは、現行の憲法を超越した構成的権力として主権を定義したシエイエスを高く評価した。シエイエスの議論がそれまでの社会契約論と異なる点は、人民を永続的な「自然状態」におくことで、憲法に制約されない構成的権力を、純粋に革命的な主権として理論化したことにある。[130] シュミットのみならず、オペライズモの理論家たちもシエイエスの「構成的権力」論に大きな影響を受けている。

そもそも、constitution（構成）は、日本語で憲法や体制、政体と訳されるように、多義的な意味をもっている。シェイエスの構成的権力（pouvoir constituant）という概念が革新的である理由は、コンスティチューションがもつ異なる意味を明確にしたからだった。大きく言ってコンスティチューションには、憲法を構成（制定）する行為そのものと、構成された憲法典という二つの意味がある。憲法は、ふつう政府の法律として、つまり構成された権力と考えられている。だが、シェイエスの革命的主権論をむしろ革命に対抗する主権論と読み替えたシュミットに言わせると、それは事柄の一面でしかない。憲法を構成するためには、まずもって主権者が政治的な意志をもって決断をおこなわなければならないからだ。これが、よく知られたシュミットの決断主義である。

構成する権力は、ふつう憲法制定権力とも訳されるように、政府や憲法に先行して法律と秩序を創設する政治的権力のことである。既存の憲法や法律のみならず、司法・行政の権力に対しても、構成的権力は主権的存在として大きな優位性を与えられている。ハンナ・アーレントが『革命について』（1963）で述べたように、新たな政治体制を構成する革命的権力とも理解しうるだろう。構成的権力の担い手、つまり主権者は、アンシャン・レジームにおいては王権という人格であり、民主政においては国民（シェイエス）あるいは人民（ルソー）であった。

130　インゲボルク・マウス（1993）『カール・シュミットの法思想』風行社、74頁

シュミットは、「政治的なもの」を否定する「経済的思考」の典型としてマルクス主義を批判した。しかし、他方でマルクス主義を肯定するシュミットの側面（シュミットのマルクス主義）はあまり知られていない。かれは、著作の要所要所でマルクス主義が新しい政治（プロレタリアート独裁！）を要求している点を高く評価しているのだ。シュミットの主権＝構成的権力論は、マルクス主義よりむしろ、無支配を掲げるアナキズムを主要な「敵」とするものだった。[131]というのも、マルクス主義においては、プロレタリアートが人民と同一視され、ルソーと同様に人民が構成する権力の担い手とされるので、シュミットの政治的思考とも親和的であったからだ。

じじつ、シュミットのマルクス主義は、階級闘争が真の友敵区分を基礎づける限りにおいて、階級をたんなる経済的概念ではなく政治的概念と考える。シュミットにおいては、友と敵の区別、両者の生死を賭けた闘争こそが政治的なものの基準であった。ここに第一部でみたように、極右と極左の隠れた同盟関係が見いだされる（実際１９８０年に、イタリアのパドヴァで左右両派の理論家が集まってシュミット会議が開かれたくらいだ）。つまり、「シュミット的マルクス主義」においても、政治的勢力としての階級は、国家の担い手としての人民に合致するものであり、主権を構成する権力にほかならなかった。

これに対して、ネグリらのマルチチュードは、ルソーの人民やマルクス主義の階級のように、そもそも主権を構成するわけではない。主権的権力をそう簡単には揚棄できないと考えるならば、アガンベンにならって「脱構成的」主権と言ってもよいだろう。[132] だが、より重要なのは、マルチチュードが「政治の自律性」からの断絶を志向しており、あくまでも生－政治的次元において「自律性の政治」を構成するということだ。マルチチュードの構成的権力は、国家の主権やシュミット的な決断主義とは無関係なのである。たしかに、マルチチュードの構成的権力が主権に回収されない革命的権力だとしても、生きた労働（マルクス）である限り、賃労働の枠内では資本の権力を構成するだろう。だから、ネグリたちの議論は、資本の権力を美化してマルチチュードの潜勢力を過大評価しているとしばし批判されてきた。しかし、ネグリたちの主張のポイントは、マルチチュードの構成する権力がつねに構成された権力としての資本に先行するどころが、資本の構成された権力によっては捕獲できない過剰状態にあるということだった。「資本の」国家は、生－政治的なマルチチュードの構成的行為に寄生しているだけなのだ。私たちは、マルチチュードの多元的な構成的権力が、国家や資本の隠れた基礎にあることを忘れてはならない。

131　シュミット（2024）第四章
132　ジョルジョ・アガンベン（2016）『身体の使用』みすず書房

第二章 ◉ 権威的自由主義の系譜学

民主主義者シュミット？

シュミットの政治思想は、20世紀のドイツにおいて、ボダンやホッブズの主権論を復活させたことで知られている。ドイツでは、第一次世界大戦末期に帝政が崩壊し、1918／19年革命によってヴァイマール共和国が誕生した。その後、議会制民主主義のもとで多元的な政党システムが定着していったが、こうした時代背景のなかでシュミットは、国家主権を強化する必要性を実践的にも迫られた。シュミットの主権論は、ヴァイマール共和国下の「大衆民主主義」（普通選挙により、財産を所有しない労働者や農民が政治参加する体制）に対して権威主義体制を復活させる試みであった。つまり、シェイエスの主権論を反革命論として読み解き、憲法を超越した構成的権力を理論化したのである。闘争や敵対性を強調する彼の政治思想それ自体が、ある特定の価値観や規範とつよく結びついているのだ。[133]

シュミットは『政治神学』（1922）において、ホッブズの主権者が「例外状態について決断する」**人格**を把握している点を高く評価した。ところが、『憲法論』（1928）では、『政治神学』で否定されたルソーの**非人格的**な主権者がむしろ肯定されることになる。シュミットは、君主に体現された人格（ホッブズ）ではなくとも、匿名の人民（ルソー）が、国民としての「同質性」をもつのであれば、政治的統一体と社会秩序を十分に担保できると考えた。すでに述べたように、シュミットは、自由民主主義の批判者として現代でもよく言及される。彼のテーゼは、自由主義と民主主義を切り離すことで、人民の支配（民主主義）が独裁となんら矛盾するものではないという驚くべきものだ。シュミットの考えでは、ヴァイマール共和国で発展した大衆民主主義は、あくまでも自由主義を最大の特徴とするものだった。シュミットがルソーの「人民主権」論を受容して、真の民主主義を掲げるようになった理由はここにある。その目的は、ヴァイマール共和国の多元的な政党システムや社会的諸勢力のアナーキーを克服することにあった。シュミットの「敵」は、マルクス主義なのではなく、国家主権そのものを否定する多元主義的国家論だったのだ。

じじつ、アナキズムや多元主義的国家論とは対照的に、マルクス主義の政治理論は、階級としての「人民」主権を重視するものであった。シュミットにとって、無支配（アナーキー）はもちろんのこと、「社会」や「アソシエーション」といったものも現実には存在しない。ただ政治的統一体のみが存在するというわけなのだ。シュミットは、リベラリズムを批判するとともに、「政治的なもの」を捨象した議論としてマルクス主義の経済決定論を批判したと一般に

133 シュトラウス（1990）、236頁

は考えられている。しかし、それは事柄の一面にすぎない。むしろマルクス主義は、シュミットにとって主権論の社会主義的ヴァージョンとして肯定すべきものだった。

「資本の」国家を政治的にうち立てる

シュミットは、『独裁』(1921)において、マルクス主義をリベラリズムよりも高く評価した。マルクス主義がプロレタリアート独裁をたんなる政治体制論ではなく主権論として定義したからである。とはいえ、シュミットの政治思想に反資本主義的なモチーフを読み込むことはできない。というのも、シュミットの議論は、ホッブズの主権論(秩序ある市場社会を保証する王権)を洗練させることで、じっさいには「資本の」国家(マルクス)を正当化することにあったからだ。このことは、シュミットの政治思想が一見すると資本主義(特にリベラル資本主義)を批判しているように見えるので、にわかには理解しづらいかもしれない。シュミットにとって、所有的個人主義のリベラリズムは国家の主権的権力を条件付けるどころか、むしろそれを阻害するものだった。ホッブズの議論だけでは、市場社会と主権国家を**ともに**正当化することはもはやできないとシュミットは考えたのだ。

そもそも、シュミット政治神学の独自性は、アナキズムや社会主義、そしてリベラリズムを否定した反革命思想(ドノソ・コルテス)を復活させたことにある。「粗野な人民」(つまりはプロレタリアート）の利害に対立するブルジョワ層の排他的特権こそが、憲法を超えた上位の秩序を形成しうるというものだ[134]。たしかに、シュミットは随所でリベラリズムや経済主義を強く批判した。しかし、それは資本主義システムを批判するという問題意識に由来するものではない。じじつ彼は、国家と社会のブルジョワ的区別、そして両者のバランシングという考え方を終始保持していたのだった。

20世紀における二度の世界大戦やドイツにおけるブルジョワ革命と社会主義革命という政治的危機、そして世界恐慌という資本主義の経済的危機のもとで、いかにして「資本の」国家を**政治的に**うち立てるか。これこそがシュミットの政治思想を形づくる問題構成であった。シュミットにとって、政治と経済の区別はきわめて流動的なものである。その意味で、伝統的マルクス主義を政治化するためにトロンティがシュミットを参照したのも理由のないことではなかった。何が政治的なもので、何が非政治的つまり経済的なものかは、「政治的なもの」それ自体によって規定されるというわけだ。ここにリベラリズムを批判するシュミットの政治中心主義を見いだすことができるだろう。

この独特の政治フェティシズム、つまりマルクス的に言えば、転倒した思考形態は、シュミットの政治思想ではなく、むしろその経済思想に着目するほうが理解しやすい。これまでのシ

134　マウス（1993）、54頁

ュミット研究では、憲法論やファシズムとの関係が強調され、シュミットがドイツのネオリベラリズムに決定的な影響を与えたことがあまり注目されてこなかった。しかし、21世紀にはいってフーコーの講義録『生政治の誕生』（1978－1979）が刊行され、その新自由主義の系譜学的研究が幅広く受容されると、戦後のネオリベラリズムの起源が1932年の戦間期ドイツに求められるようになった。英米型のリベラリズムとは異なり、ラテン語で「秩序」を意味するOrdoを冠したオルド・リベラリズムのことである。

オルド自由主義の国家観

オルド自由主義の代表者の一人で経済学者のヴァルター・オイケンは、1932年に「国家の構造転換と資本主義の危機」という論文を刊行した。それはまさに「ドイツ新自由主義の最初のマニフェスト」であった。[135] オイケンによれば、20世紀における資本主義の特徴は、国家活動の範囲が社会全体に拡大した結果、国家の権威までもが低下してしまったことにある。同じくオルド自由主義の経済学者であったA・リュストウとA・ミュラー＝アルマックも1932年に同様の指摘をおこなっている。すなわち、ヴァイマール共和国の多元的アナーキーが無能で「弱い国家」を生み出してしまったというものだ。オルド自由主義者たちにとって、そもそも経済は独立した領域ではなかった。市場は根本的に、政府の政治的実践によって組織されると考えられていたのだ。

こうしたオルド自由主義に独自の経済思想は、シュミットの政治的思考に決定的な影響を受けたものだった。シュミットは、『合法性と正当性』（１９３２）において、「多元的政党国家は強さや力からではなく、「完全に」弱さから生まれる。この国家はあらゆる生活領域に干渉してくる」[136]と述べている。ここで注意すべきなのは、シュミットにとって国家の「強さ」の基準が、国家の介入力にあるわけではないということだ。つまり、ただ個人の自由に干渉する権威主義体制が「強い」国家であるということにはならない。

マルクス主義批判理論家のヴェルナー・ボネフェルトは、『強い国家と自由経済』（２０１７）という著作において、シュミットとオルド自由主義者の共通認識に着目している。両者とも、20世紀に進展した大衆社会化によって、国家主権と自由経済がともに阻害されつつあると考えていたという。その典型が、ヴァイマール共和国で成立した社会国家である。オルド自由主義の経済学者ヴィルヘルム・レプケ（オイケンよりも早くオルド自由主義的な発想をもっていたとされる）によれば、現代の国家は、プロレタリアートの政治参加によって、被統治者の増大する要求に絶えず責任をもたなければならない。だから国家は、社会政策をうまくコントロール

135　雨宮昭彦（2011）『競争秩序のポリティクス』東京大学出版会、135頁
136　カール・シュミット（1983）『合法性と正当性』未来社、136頁

することによって、大衆民主主義の専制を阻止し、自らの独立性を維持する必要がある。強い国家を創造するためには、ただ市場に権力を委ねるのではなく、経済を自由化する政治的実践が求められるというわけだ。

　オルド自由主義者とシュミットの思想上の共鳴関係は、前者が後者の政治思想から直接影響を受けたことにあるだけではない。じつは、シュミット自身もオルド自由主義者たちから影響を受けており、かれらと同様の経済思想を展開している。オルド自由主義者とシュミットは、大衆民主主義とリベラリズムに対する批判を共有していたのだ。

　このことは、政治思想や法学のみに偏りがちなシュミット研究においてはあまり議論されてこなかった。ナチ政権成立前夜の１９３２年11月、シュミットはラングラム協会という経済団体が主催するシンポジウムで、重工業企業家１５００人に向けて基調講演をおこなった。同団体の事務局長は事前に「経済にそれ固有の確固たる活力をもたらす活動空間を与えるものである限り、いかなる政府にも従うべきである」という声明を公表していたという。シュミットは、「強力な国家と健全な経済」（未邦訳）と題された講演において、自らの経済思想をほぼ初めて開陳したのだった。[137] 近年のシュミット研究で指摘されているように、かれは１９３０年代初頭に実証主義（初期）や決断主義（中期）を半ば放棄して、「**具体的秩序**思考」の立場へ移行していた。[138] 興味深いことに、１９３２年の講演では、「例外状態」や「友敵区分」とは別のかたちで、「政治的なものの概念」が提示されている。つまり、「政治の自律性」のメルクマールは、むしろ**非**政治的なもの、つまり経済**秩序**に対する、国家の**具体的な**関係にあるというのだ[139]。

シュミットは、20世紀の社会国家において、19世紀の自由主義的な中立国家から「全体国家」への移行を見いだしている。シュミットによれば、全体国家とは、国家と社会が合致してしまった国家である。しかし、ここでも全体国家という言葉からたんなる権威主義体制を想起してはならない。シュミットの「政治的なもの」にとってメルクマールとなる国家の強度は、ドイツの多元的政党国家のような、「量的な」全体性を基準とするものではなかった。むしろ、「強い国家」を構成するのは、市場のアナーキーを健全なかたちで統制するという意味での「質的な」全体性にほかならない。

そもそも、「シュミットとオルド自由主義は、英米型のリベラリズムとは異なり、市場経済が国家の権威から独立しているとはまったく考えていない[140]」。むしろ、「リヴァイアサン（国家）」のほうが市場に先立って成立している。たとえ国家が市場のアナーキーを保証する必要

137　C. Schmitt (1932) »Starker Staat und gesunde Wirtschaft«, in Günter Maschke (Hrsg.) *Staat, Großraum, Nomos*, Duncker & Humblot

138　ミュラー（2011）、74頁

139　グレゴワール・シャマユー（2022）『統治不能社会』明石書店、第24章

140　ヴォルフガング・シュトレーク（2017）『資本主義はどう終わるのか』河出書房新社、213頁

があるとはいえ、その主権的存在は市場によって脅かされてはならないというわけだ。「脱政治化の経過、国家から自由な領域の創造は、すなわち政治的な経過である」[141]。オルド自由主義と同様に、市場という非政治的領域は、国家という政治的領域によって構成されると考えられている。シュミットにとって、私的な個人や企業ではなく国家こそが「自由な」経済を構成する最も主要なアクターであった。市場経済や資本主義は、まさに国家の秩序政策という政治的実践によって構成されるのだ。

しかし、ここでの国家は、社会と一体化した「全体国家」とは異なり、無制限に市場へと介入することは決して許されない。国家の「強さ」は、健全な市場を組織する能力にかかっている。こうしてシュミットは、「質的な」意味で強い国家をうち立てるために、国家と市場をはっきりと区別したうえで、両者のあいだにある第三の中間領域に着目する。

シュミットの権威的自由主義

シュミットは大企業家たちを前にして次のように語った。国家と個人的企業家といった19世紀の二項対立はもはや古びたものであり、両者のあいだには「非国家的だが公的な領域」という新しい経済秩序が必要である。国家の統治領域と個人の自由領域のあいだには、経済の担い手によって組織され経営される秩序が存在するのだ、と。シュミットはこの媒介項を「経済的自己統治」と呼び、企業連合による流動的な中間領域こそが「強い国家」の基盤となると考えた。しかも、「強い国家」は、たんに自由な経済の健全な状態をもたらすだけではない。「国家的統治、経済的自己統治、そして個人の自由領域」という三位一体こそが、ドイツ人民の政治的統一性を担保するというのだ。

ここでのドイツの人民（フォルク）とは、たんに同質なネイションではなく、同種なフォルクであるとレイシズム的に考えられている。シュミットが考える国民の同質性は、人種（レイス）の「同種性」によって担保されるものであった。そういうわけでシュミットの「強い国家」は、同時に「レイシズム国家」なのである。じじつ、ナチ政権下の「国家・運動・フォルク」（1933）において、ドイツ・フォルクという具体的秩序を政治的に指導する総統ヒトラーを擁護している。[142] ただし、シュミットにとって、競争的市場は主権の存在基盤であり、それを「集産主義的専制」（レプケ）に置き換えるような「全体国家」は否定されるべきものだった。この意味でシュミットは、たんにファシズムのイデオローグであったわけではない。シュミットの課題は、「社会政策からの「権威的」国家の撤退、経済の脱国家化」によって競争的な市場秩序を活性化しつつ、「政治的・精神的なさまざまな機能の独裁的国家化」を果たすこ

141　Schmitt (1932), p.71
142　カール・シュミット、カール・シュルテス（1976）『ナチスとシュミット』木鐸社

とにあったのだ。[143] 1932年の「プロセイン対ライヒ」裁判においてシュミットと激しく対立した憲法学者のヘルマン・ヘラーは、シュミットの講演を評してその立場を「権威的な自由主義」と呼んでいる。

ヘラーによって定式化された、一見すると形容矛盾のような「権威的自由主義」は、戦後にネオリベラリズムを先導したあのハイエクによっても受容される。ハイエクが『隷属への道』（1944）において、社会主義やファシズムを全体主義として批判したことはよく知られているだろう。しかし、戦後の1960〜70年代に執筆された『自由の条件』や『法と立法と自由』といった著作において、彼がシュミットによる自由主義と民主主義の区別に大きな共感を寄せていたことはあまり知られていない。[144] ハイエクのリベラリズムは、「自生的秩序」という制度的次元を重視する独自の経済思想である。しかし、ハイエクの全体主義批判のライトモチーフはそれだけではない。その核心にあるのが、経済的自由を侵害しないという点で、全体主義よりも権威主義を重んじるべきだという**政治的**思考である。私たちは、オルド自由主義者と同様に、ハイエクの経済思想においてもシュミットの影響を受けた「政治的なもの」を読みとるべきなのだ。

じじつ、『隷属への道』刊行以降、ハイエクは自らの研究領域を社会理論全般へと拡大しており、晩年には市場秩序を保持するという意味での「強い国家」を明示的に支持していた。[145] ハイエクにとって、経済的自由を制度化するためであれば、大衆民主主義や政治的自由よりも権威主義を活用することもやぶさかではなかった。ハイエクは、「全能の民主主義政府の弱点」をシュミットがはっきりと認識していたと評価している。[146] よく知られたエピソードだが、ハイエクは、チリで成立した社会主義のアジェンデ政権を民主主義的な「全体主義」として退け、ピノチェトのファシズム的資本主義を「権威主義」として擁護した。つまり、ハイエクは、シュミットから「権威的自由主義」という政治思想を受け継いだのだ。

「資本の」国家が「強い国家」である理由

シュミットとオルド自由主義、そしてハイエクに受け継がれた「権威主義的な」リベラリズムから、私たちは「資本の」国家（マルクス）が、どのような意味で「強い国家」と言えるのか理解できる。ホッブズにとって、国家の主権は、所有的個人主義のリベラリズム、すなわち市場社会のアナーキーを保証するものだった。しかし、シュミット＝ハイエクにとって、ホッブズのリヴァイアサンでは20世紀の社会国家や全体主義という「弱い」国家の登場を予防する

143　ヘルマン・ヘラー（1990）「権威的自由主義？」『北大法学論集』第40巻、第4号
144　シャマユー（2022）、302頁
145　山中優（2007）『ハイエクの政治思想』勁草書房、161頁
146　フリードリヒ・ハイエク（1998）『法と立法と自由Ⅲ――自由人の政治秩序』春秋社、265頁

ことはできない。だからこそ、シュミットは、20世紀になって主権概念を復活させ、同時にその再定義を試みたのであった。

国家の主権は、法律などを制定することで市場経済を外的に保証するだけでは不十分である。国家は、市場経済のアナーキーの統制を資本の形態＝権力に委ねつつも、そのロジックを内面化し、積極的に自由な経済という秩序形成をおこなわなければならない。したがって、18世紀のレッセフェールのように、国家が市場に介入すべきかどうかは問題とならない。オルド自由主義の教義は、「あらゆる国家介入に反対することではなく、ある領域ではより少なく、ある領域ではより多く国家介入を要求することである」[147]。つまり、国家は、「個人の自由」を保証する条件を維持しつつも、健全な経済を組織するために、強力で活動的でなければならないのだ。

シュミットやオルド自由主義の考える「強い国家」は、戦間期ドイツに固有の権威主義体制や、戦後のネオリベラリズムの一形態としてのみ理解されてきた。しかし、マルクスとシュミットの邂逅という本書の観点から、私たちは「強い国家」あるいは「権威的自由主義」を、「資本の」国家の形態＝権力をうまく表現したものだと考えている。シュミットの「政治的」思考によって定義される「主権」とは、たんなる権威主義体制や反動的ファシズムのことではなかった。「経済的自己統治」を重んじている点で、実際には市場の自由を組織する秩序形成によって構成されるものであった。つまり、国家の権威と介入力は、マルクスがそう考えたように、あくまでも資本の運動にその存在根拠をもつというわけだ。

　これは、その後ハイエクの「経済的」思考によって把握されたにもかかわらず、従来のマルクス主義では捉えることのできなかった問題である。というのも、第一部でみたように、マルクス主義においては社会の経済学《ポリティカル・エコノミー》と同様に、政治と経済の分離が暗黙の前提とされてきたからだ。シュミットやオルド自由主義は、事実上「資本の」国家を把握しているという意味で、伝統的なマルクス主義よりもはるかに「客体的な思考形態」である。

　オルド自由主義者であるオイケンもまた、戦後ドイツの社会的市場経済（エアハルト）にも大きな影響を与えた『経済政策原理』（１９５２）において、次のようにマルクス主義の考え方を批判していた。「経済秩序と国家秩序の相互依存を厳密に規定することによって、資本主義や資本主義国家あるいは帝国主義に関する一般的命題を本質的に超越することが可能である」[148]。

　マルクス（＝レーニン）主義は、20世紀の資本主義を「独占資本主義」と定義し、政治と経済の融合をただ問題にしただけであった。その結果、国家介入の新たな様式が市場の「競争秩序」を生み出す可能性が看過されてしまったのだ。これに対して、「オルド自由主義は、国家を資本主義的社会関係の政治的形態として認識しており、国家をブルジョワ社会の集権化した

147　A. Gamble (1979) »The Free Economy and the Strong State«, *Socialist Register*, 16: 1-25.
148　ヴァルター・オイケン（1967）『経済政策原理』勁草書房、452頁

権力として考察している」[149]。シュミットやオルド自由主義にとって、本来の意味での強い国家とは、独裁や全体主義という言葉が想起するイメージとは反対に、あくまでも「限定された」国家である。つまり、「資本の主権」（マルクス）を保証するために、「市場の組織化」に自己を限定するような権力をもった国家のことだ。「競争秩序なくしてはいかなる活動的国家も存在し得ないし、活動的国家なくして競争秩序は成立し得ない」[150]。それゆえ、資本の形態＝権力に包摂され、それに制約された国家は、ただ資本の論理に従属する機構なのではない。むしろ国家は、健全で活力のある市場の「競争秩序」を生産するために、たえず活動的で強力な政治的実践をおこなうアクターとなっている。

フランスの哲学者であるグレゴワール・シャマユーも、『統治不能社会』（2018）という著書で、シュミットの政治思想と、オルド自由主義者やハイエクといった経済思想との共鳴関係を鋭く指摘した。彼は新自由主義において権威主義体制化が進展するという逆説的事態を明らかにするために、「権威的自由主義」の系譜学を試みた。それはフーコーの新自由主義論が国家権力の問題をうまく説明できていないという批判に応答するものだった[151]。

私たちは、こうしたフーコーの系譜学に、マルクスとシュミットの邂逅という問題構成を加えたいと考えている。シュミットにとって国家の強度は、ボリシェヴィズムやファシズムといった全体国家のように経済が完全に政治化される点に見いだされるわけではない。国家と市場の中間領域において「経済的自己統治」を形成するために、国家はたえず競争秩序を健全に保証する必要があった。シュミットの主権論は、近代的リベラリズムや立憲主義を否定する、ただの反動思想なのではない。むしろ、それらの代替案として、「資本の主権」（マルクス）を**政治的に**保証するために新たな構成的権力をうち立てようとしたのだ。したがって、左右問わずシュミット的な主権論に抗するためには、まさにネグリたちがそうしたように、構成的権力の次元において「資本の主権」の在処を分析する必要があると言えるだろう。

149 Bonefeld (2017), p.4
150 オイケン（1967）、457頁
151 シュトレーク（2017）、215頁

第三部

惑星主権と「資本の帝国」

第一章 資本主義の地政学

地政学をなぜ分析しなければならないのか

21世紀において深刻化する気候危機は、第二部で考察した国家主権とは異なる、地球レベルでの「惑星主権」を生み出している。惑星主権とは、国家間システムを超えて人類全体が惑星規模でのカタストロフに対処しなければならないという新たなガバナンス形態のことだ。戦後のブレトン・ウッズ体制から70年代以降の新自由主義全盛期くらいまでは、米国を盟主とする「パックス・アメリカーナ」と呼ばれる時代が続いていた。だが、21世紀における米国のヘゲモニー低下は、主権国家体制の機能不全とあわせて地政学的な無秩序（アナーキー）を増幅させている。

そもそも資本主義の歴史は、国家の領域主権を超越した時間的・空間的秩序、すなわち「地政学的システム」と結びつきながら展開してきた。マルクスの「社会の経済学《ポリティカル・エコノミー》」批判は、単一の国家を所与の前提とするのではなく、世界市場で行動する複数の国家を射程に入れたものだった。マルクスが強調したのは、世界市場の成立によって、国家間対立を超越（トランス）して「資本の帝国」が形成されるということだ。[152] だが、このトランスナショナルな「資本の帝国」は、諸国家システムをあくまでも傾向的にしか超越することがない。つまり、現存する「資本の帝国」においては、西欧のアンシャン・レジームに由来する主権国家体制、そして20世紀後半の冷戦構造（東西のみならず「第三世界」を含む）の圏域秩序など、異なる地政学的システムが制度として組み込まれている。「資本の帝国」というマルクスの概念は、主権国家体制のバランスオブパワー（勢力均衡の原則）であれ、大圏域の秩序形成であれ、空間的・地理的な境界の設定を必要とするのだ。昨今の多極化し分断化する世界や気候危機の状況は、こうした「資本の帝国」というフレームワークを、具体的にアップデートすることを要請している。

第二部第一章で詳述したように、17世紀イングランドと18世紀フランスにおける国家の主権化には、戦争や対外政策といった地政学的な背景があった。アンシャン・レジームという西ヨーロッパに固有な時代においては、「政治的蓄積」（ブレナー）が国家間の戦争と競争を促進した結果として、ナショナルな領域を支配下におさめた王権が確立された。ただし、この西ヨーロッパに特徴的な領域国家は、地政学的にみると、相互に区別された複数の個別国家のひとつにほかならなかった。この国家間システムは、17世紀に王朝間の条約によって成立した「ウェストファリア体制」として知られている。しかし、アンシャン・レジームに固有の地政学は、私たちが現在理解している主権国家システム、すなわち資本主義列強のヘゲモニーのもとで、

152　エレン・メイクシンズ・ウッド（2004）『資本の帝国』紀伊國屋書店

相互に独立した国家どうしが対立しあうといった国際関係ではなかった。アンシャン・レジーム期に王朝間で成立した国際関係は、いまだ資本主義世界に固有の地政学と言えるものではなかったのだ。

かつてナチスの「生存圏」構想にも影響を与えた地政学という学問には、政治的に負のイメージがつきまとっている。本書では地政学を、たんなる地理的決定論ではなく、一つの領域国家がより大きな国際秩序の一部を構成する際の「外的諸関係」を考察するものとひろく定義する。[153] 重要なのは、ネイションや領土といった枠組みから離れて、地政学を批判的に捉えかえすことである。つまり、地政治（学）（Geopolitics）は、条約や連盟などをつうじた国家間システムのみならず、国家の領域主権を超越した時間的・空間的秩序を含んだ概念なのだ。アンシャン・レジームの地政学的システムは、たしかに王朝の領域国家によって構成されたものだったが、それはまだ「資本の」国家によって形成された国際関係ではなかった。

「資本主義の」地政学は、いち早く資本主義化したイングランド国家が、18世紀以降に新たに海洋派政策（Blue Water Policy）を追求することで大陸の「政治的蓄積」のメカニズムを駆逐した結果として成立した。[154] 資本主義世界システムは、18世紀後半から19世紀にかけて七年戦争やナポレオン戦争を経てフランスに勝利したイングランドのヘゲモニーのもとで、本格的に形成されたものだった。[155] だが、イングランド本国の「本源的蓄積」は、そもそも16世紀のオスマン帝国による地中海やアジア陸路の領域的支配によって条件づけられていた。[156] 資本主義の地政学的起源を明らかにするためには、ヨーロッパという舞台の外に出なければならないのだ。近年の歴史社会学では、オスマン帝国の存在がイングランドの地政学的「孤立」を生み出し、北西ヨーロッパ諸国がまずもって大西洋という圏域で活動することを促したとされる。たしかに、「資本の」国家は、国家の領域主権を超越し、市場や資本の源泉（天然資源や労働力など）をもとめてグローバルに展開しうる。だが、イングランドとフランスが互いに「資本の」国家として競争し始めた領域は、地政学的にみてきわめて限定的なものだった。

イングランドは、国家間システムのバランスオブパワーを活用することで、インドや南米、中国において「自由貿易帝国主義」（ギャラガー＝ロビンソン）を実践した。マルクス主義国際政治学者のベンノ・テシィケによれば、現在私たちが理解している主権国家システムは、17世紀のウェストファリア体制に由来するものではない。主権国家システムとウェストファリア体制を結びつける考え方は「１６４８年の神話」にすぎないのだ。だが私たちは、急いで次の事実に目を向けなければならない。資本主義世界に固有の地政学は、アジアやアフリカ、南北ア

153　ジャスティン・ローゼンバーグ（2008）『市民社会の帝国――近代世界システムの解明』桜井書店、94頁

154　ベンノ・テシィケ（2016）「「１６４８年の神話」再考」『ウェストファリア史観を脱構築する』ナカニシヤ出版

155　イマニュエル・ウォーラーステイン（1997）『近代世界システム　1730～1840s』名古屋大学出版会、第１章

156　A. Anievas & K. Nişancıoğlu (2015) *How the West Came to Rule: The Geopolitical Origins of Capitalism*, Pluto Press, London, p.274.

メリカといった領域の植民地化を「外的諸関係」として含んでいるからだ。17世紀から18世紀にかけて、イングランド本国の資本主義が発展していったのは、大西洋領域における流通網の拡大（いわゆる三角貿易）によるものだった。つまり、イングランドの産業革命は、国内の農村プロレタリアートのみならず、アメリカ大陸の土地（奴隷制プランテーション）とアフリカの奴隷労働によって実現したのである。[157]

イングランドは、「資本の」国家として、ヨーロッパで主権国家どうしの「バランスオブパワー」を活用しながら、ヨーロッパ大陸の外では植民地主義的な領域拡大を追求していった。この意味で、「資本の主権」は、直接的に植民地的な主権から派生したものである。植民地主義的征服によって土地や天然資源を収奪し、原住民を脱所有化（土地や生産手段を収奪すること）することによって「資本の主権」が確立されたのだ。[158] このことは、第二部でみた古典的な主権理論ではほとんど無視されてきた。テシィケが批判しているように、主権の理論家として名高いシュミットも、その地政学的分析において「新大陸の発見」に言及する際に、原住民の征服を「政治的なもの」から完全に捨象している。[159]

これまでのマルクス主義に特徴的な経済的思考では、資本主義システムにおける時間－空間的秩序、すなわち「地政学的なもの」は、ハーヴェイなどの批判的地理学者を除いて考慮されてこなかった。その理由はマルクスの議論が、資本のトランスナショナルな性格を強調していたからでもある。『共産党宣言』（１８４８）においては、複数のネイション（ただし国家ではないことに注意）が資本の主権によって超越（トランス）される傾向にあると述べられている。「諸民族がナショナルに分立して対立する状態は、ブルジョアジーの発展、貿易の自由、世界市場、工業生産およびそれに適合する生活諸関係とともに消滅しつつある」[160]。

しかし、資本主義世界システムの拡大は、マルクスたちの予想に反して、アンシャン・レジーム時代に西ヨーロッパで成立した複数の領域国家を覆すことはなかった。むしろ、19世紀以降に領域国家が国民国家化することで、20世紀の世界ではネイションの対立は消滅するどころかむしろ激化していった。本来的にはトランスナショナルな性質をもつとされる「資本の主権」（いわば世界資本）は、領域的に同じくトランスナショナルな拡がりをもった、世界帝国を新たに生み出したわけではなかった。とはいえ、地政学的システムは、昨今の国際関係論研究者たちがそう考えてしまうように、あたかも資本主義システムから切り離されたかたちで存在しているわけではない。それでは私たちはどのようにして、「資本主義の」地政学を考察すれ

157　エリック・ウィリアムズ（2020）『資本主義と奴隷制』ちくま学芸文庫。繊維産業に着目してウィリアムズのテーゼを裏付けた近年の研究としては、スヴェン・ベッカート（2022）『綿の帝国』（紀伊國屋書店）を参照。

158　G. S. Coulthard (2014) *Red Skin, White Masks: Rejecting the Colonial Politics of Recognition*, University of Minnesota Press, Ch.2

159　B. Teschke (2016) »Carl Schmitt's Concepts of War: A Categorical Failure«, In J. Meierhenrich & O. Simons (eds.) *The Oxford Handbook of Carl Schmitt*. Oxford University Press, New York

160　カール・マルクス、フリードリヒ・エンゲルス（1960）『マルクス＝エンゲルス全集　第4巻』大月書店、493頁

ばよいのだろうか。

「資本の」主権は一つの抽象にすぎない

マルクスが強調したように、「資本の」主権は、ホッブズ的な意味での国家主権を絶えず侵食し、それを呑み込んでいく。とはいえ、トランスナショナルな「資本の」主権によって形成される「資本の帝国」は、現実に存在する傾向だとしても、あくまでも一つの抽象概念にすぎない。テシィケは、こうした抽象としての「資本の」主権が、地政学的システムを解体するどころか、いかに積極的に構築してきたのかを強調している。つまり、アンシャン・レジームに由来する国家間システムが、資本主義の発展にともない、欧米を中心に全世界で制度化していったのだ。

歴史的にみれば、「資本の主権」から諸国家システムが生まれたわけではない。あくまでも、西ヨーロッパで成立していた国家間システムを、「資本の主権」が一つの制度として包摂していっただけなのだ。19世紀後半から20世紀にかけて、オスマン朝や中国といった「世界=帝国」が、イングランドやフランスといった資本主義列強によって破壊・分割され、国家間システムに組み込まれていった。しかし、だからといって、資本主義世界システムのいわば「上部構造」として国家間システムを位置づけることはできない。というのも、「短い20世紀」(マルクス主義歴史学者E・ホブズボームの言葉で、第一次世界大戦からソ連崩壊までを意味する時代区分。18世紀末のフランス革命から第一次世界大戦までの「長い19世紀」と対比されている）において、諸国家システムはたしかに重要な地政学的制度の一つではあったが、「バランスオブパワー」として十全に機能していたわけではないからだ。

19世紀末にはドイツやアメリカ合衆国、日本といった資本主義列強が、イングランドやフランスのヘゲモニーに対抗するかたちで、アジアやアフリカ、南米などに自国の支配領域を拡大していった。ロシアやオーストリアといった帝国が解体し、ヨーロッパにおいて国家間システムが定着したのは、第一次世界大戦後のヴェルサイユ体制下になってからのことだ。[161] その意味で、ウェストファリア体制に関するテシィケの議論は、近代の世界史における地政学的に複線的な発展軌道を強調しているとはいえ、20世紀以降の現存した国家間システムをうまく説明できていない。１９３０年代の世界恐慌では、列強諸国がバランスオブパワーを無視して各々の圏域（ブロック）を形成するようになった。第二次世界大戦が勃発すると、ヨーロッパの諸国家システムそのものが機能不全に陥ってしまう。１９３３年に満州国から撤退するよう勧告された日本が国際連盟を脱退したのは、その象徴的な事例だろう。私たちが現在バランスオブパワーとして理解している諸国家システムは、「長い19世紀」はおろか、「短い20世紀」において

161　木村靖二（2014）『第一次世界大戦』ちくま新書、210頁

も地政学的制度として定着したわけではなかった。

たしかに、ブレトン・ウッズ体制以降、国際連合や集団的安全保障体制をつうじて主権国家システムは維持・強化されてきた。戦後の資本主義世界システムにおいては、軍事力で他国を圧倒した米国が、市場や資本のパワーを補完するために諸国家システムを活用したと考えられている。しかし、「資本の」帝国はそれでも一つの抽象にすぎなかった。むしろ近年の冷戦史研究では、東西大国のヘゲモニー対立のみならず、「第三世界」のポストコロニアル国家間の地政学的な対立が決定的なものであったことが指摘されている。米国を中心とする西側諸国では冷戦初期に、ユーラシア大陸の中核領域（ハートランド）に対して、北大西洋のシーパワーによる「封じ込め政策」（ケナン）が戦略化されていた[162]。また、東西陣営の「勢力圏」分割構想によって、中東やアフリカ、東南アジアといった旧植民地国家においては数々の「熱戦」が繰り広げられてきた。

ここで注意すべきなのは、ソ連をはじめとする「現存社会主義」が、資本主義世界システムに組み込まれた国家資本主義であったということだ。いわゆる東西対立は、二つの「資本主義的」圏域秩序の地政学的対立にほかならなかった[163]。資本主義列強間のヘゲモニー対立とポストコロニアル国家間の地政学的対立のもとで、「資本の」帝国が具体的に考察されなければならないのだ。

「資本の」帝国を具体的に把握する

近年では、米中の貿易摩擦が激化していくなかで「新冷戦」が叫ばれている。とりわけ2017年の第一次トランプ政権以降、半導体などの先進技術の輸出規制、原料調達の多様化、サプライチェーンの複線化などのデカップリング（経済分断）が進行してきた。だが、同時に生じたフレンドショアリング（同盟国どうしでのサプライチェーンの構築）は、むしろ米国と中国の強い相互依存を示してもいる。[164]中国の軍事・経済力の向上と米国のヘゲモニーの相対的低下のなかで、果たして「パックス・アメリカーナ」から米中二極体制（Chimerica）に移行するのか、それとも「パックス・チャイナ」が到来しつつあるのか。

マルクス主義の議論では「新帝国主義論」（ハーヴェイ）や「世界システム論」（ウォーラーステイン）のように、米国が唯一無二のヘゲモニー国家であるとして、1970年代以降の新自由主義時代の世界秩序が説明されてきた。たしかに、冷戦終結後のグローバル化のもとで米国

162 鈴木健人（2023）『封じ込めの地政学――冷戦の戦略構想』中公選書
163 T. Ten Brink (2008) *Geopolitik: Geschichte und Gegenwart kapitalistischer Staatenkonkurrenz*, Westfälisches Dampfboot, Münster. p.202
164 S. Mezzadra & B. Neilson (2024) *The Rest and the West: Capital and Power in a Multipolar World*, Verso, Intro.

のヘゲモニーは確立していくように思われた。しかし、２００８年の世界金融危機以降に米国のヘゲモニーが再び低下すると、地政学的対立は冷戦期に回帰するかのようにむしろ激化していった。それに対して、マルクス主義者をはじめとする左派は帝国主義論というフレームワークに固執する傾向にある。かれらは、シリア内戦やロシアによるウクライナ侵攻についても、米国やロシアといった国民国家による帝国主義、そして帝国主義国間の対立を問題とするにすぎない。

だが、マルクス主義の帝国主義論には次のような致命的な欠陥がある。ネイションどうしの国家間対立を所与の前提としてしまうことで、多極化する世界において拡散する資本の活動空間を分析できないのだ[165]。その意味で、帝国主義論は、主権論の社会主義的ヴァージョンと言うことができる。たしかに、帝国主義論は、ネイションとしての資本主義列強がいかに地政学的対立を激化させるかという点を強調してきた。しかし、ネイションを超越した「資本の」主権のもとで、地政学的システムが主権国家システムにしろ、別の国際秩序にしろ、どのように制度化しているのかがほとんど問われることがない。私たちは国家主権が復活した今こそ、帝国主義論ではなく、「資本の帝国」というフレームワークを発展させ、地政学的制度を具体的に分析する必要がある。

主権国家を超えたトランスナショナルな次元、すなわち「資本の帝国」をめぐっても、第二部と同様にマルクスとシュミットの邂逅が手がかりとなる。というのも、シュミットは、マルクス主義の帝国主義批判を事実上共有しながらも、トランスナショナルな「資本の」主権を**政治的に**乗り越えるために、地政学的システムを正面から分析していたからだ。

戦後、ナチスへの加担を理由にアカデミズムから追放されたシュミットは、戦間期から着手していたヨーロッパ公法（ウェストファリア条約によって確立したヨーロッパ大陸の国際法のこと）の研究を継続し、最晩年（1970年代後半）まで執筆活動にいそしんだ。シュミットの世界秩序構想は、冷戦崩壊後、NATOによるユーゴ空爆や米国によるアフガン・イラク侵攻時の「正戦論」においてよく参照されることになった。極左にかわって今度は極右のネオコンたちに注目されたのだ。シュミット自身も、フランスの哲学者アレクサンドル・コジェーヴらとの対話において、国民国家を超える「世界の新しい秩序」を構想していたとされる。[166]

「新しい大地のノモス」（1955）という論考で、シュミットは戦後の国際秩序について三つのシナリオを述べていた。東西両極のどちらかによる惑星主権の確立、諸国家間システムのもとで継続する冷戦構造、そしてこれらとは別にシュミットが重視していたのが、「圏域 Raum 秩序」である〔図1参照〕。シュミットの大圏域（グロース・ラウム Großraum）論は、一見すると帝国主義論の右派ヴァージョンのように思われるかもしれない。たしかにシュミットは、ドイ

165 S. Mezzadra & B. Neilson (2024) Ch.6
166 ミュラー（2011）、12頁

図1｜「新しい大地のノモス」における3つのシナリオ

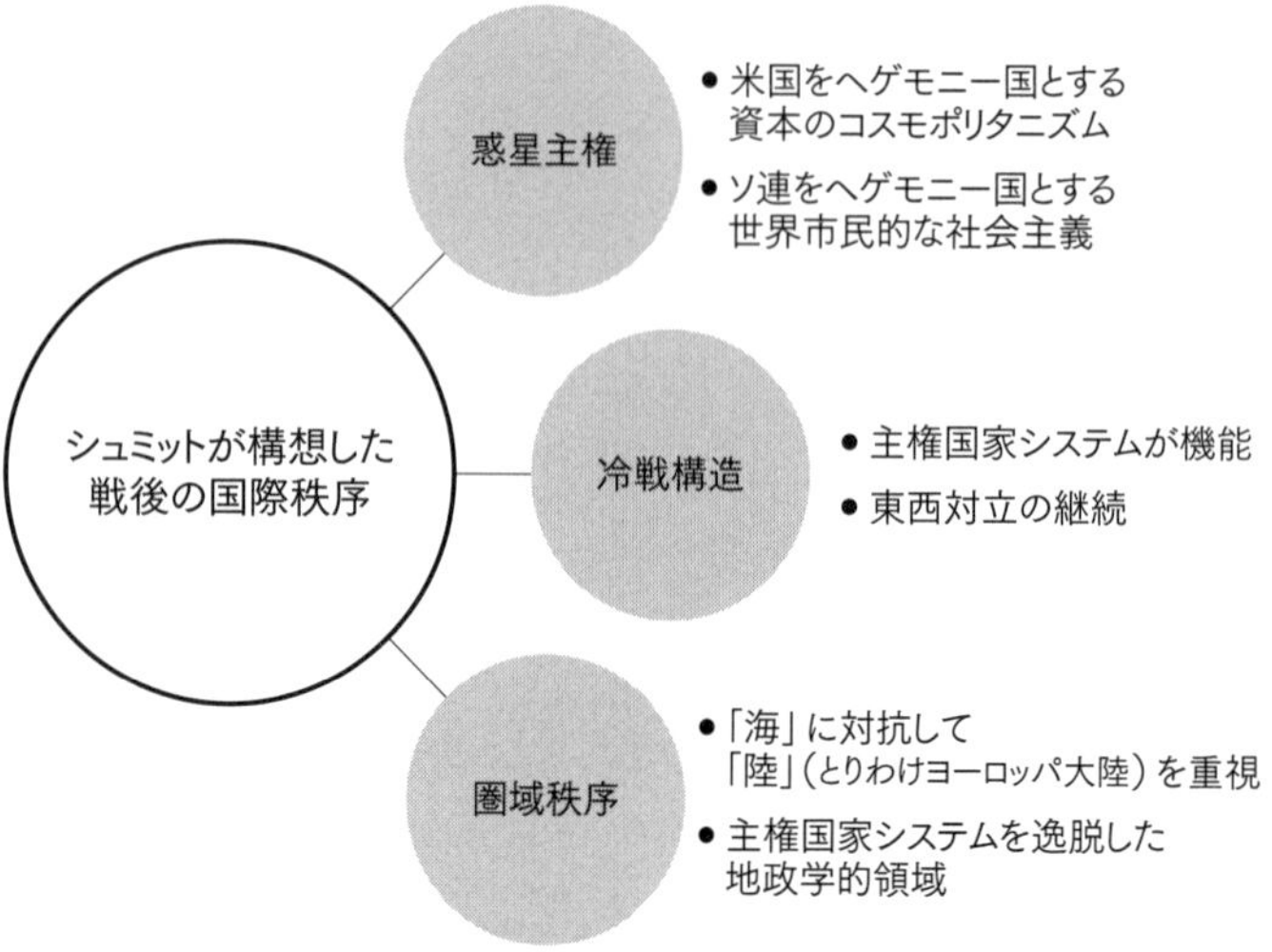

ツ民族のフォルクによって担われる大圏域、すなわちナチス時代のライヒ（主権国家や帝国とは異なる形でフォルクを基礎づける空間秩序のこと）構想を戦後に反省したり撤回することはなかった。[167] しかし、シュミットの議論はたんに国家主義的な性格をもつものではない。[168] そのライヒ論の目的は、国家主権を超える「地政学的な領域」において、イングランドや米国の海洋派ヘゲモニーに依存しない、別の勢力均衡システムをうち立てることにあった。つまり、シュミットのヨーロッパ公法論によれば、ヨーロッパ大陸の主権国家（ドイツだけに限定されていない！）は、米国などの海洋世界に対して自立的な秩序として、大圏域やブロックを形成するべきとされたのだ。

シュミットが「大地のノモス」と呼んだ

地政学的な国際秩序を理解するために、論文「法学的思考の三種類について」（1934）で展開された、「具体的秩序」に関する思考をみておこう。シュミットの法学は、実証主義（初期）と決断主義（中期）を維持しながらも、後期にはその二つに加えて秩序形成という制度的次元を強調するようになっていた。1930年代のシュミットに特徴的な法学概念が、法律（Gesetz）や規範（Norm）と誤ってドイツ語化された（とシュミットが考える）ギリシア語のノモス（Nomos）である。シュミットによれば、ノモスとはたんに法律や規範のことではない。ノモスは、規範かつ決定を意味するのであり、とりわけ秩序でもあるという包括的な内容をもっている。ハイエクも『法と立法と自由I』（1973）においてこう述べている。「シュミットが究極的に定式化した中心となる信念は、自由主義的伝統の「規範的」な思考から、立法当局の意志が特定の事項について決定を下した「決断者」段階を経て、「具体的秩序形成」という概念にまで、すなわち「具体的秩序や共同体を包括する法という全体概念としてノモスを解釈し直す」ことを含む展開にまで、法は徐々に進歩したということであった[169]」。

この具体的秩序という概念はシュミットの主権論においても大きな意味をもっている。ノモスの具体的秩序は超人格的なものとされ、人格的決断（ホッブズ）を補完する役割を果たすと

167 C. Schmitt (2015) *Glossarium: Aufzeichnungen aus den Jahren 1947 bis 1958*, Duncker & Humblot
168 大竹弘二（2009）『正戦と内戦――カール・シュミットの国際秩序思想』以文社、27頁
169 フリードリヒ・ハイエク（1987）『法と立法と自由I――ルールと秩序』春秋社、93頁

いうのだ。ここには、シュミット自身が述べているように、20世紀フランスの公法学者モーリス・オーリウに代表される制度主義の影響がある。「制度論的な考え方においては、国家が規範でもたんなる主権的決定でもなく、もろもろの制度のなかで最も根本的な制度であり、その秩序において、それ自身自律的な他の諸制度が各々その保護と秩序づけを見いだす[170]」。シュミットは、法をノモスとして再解釈することで、「権威が法をつくりだす」（ホッブズ）ということだけではなく、具体的秩序という制度的次元を強調するようになっていた。第二部でみたように、この制度的次元は、オルド自由主義の競争秩序やハイエクの「自生的秩序」に対応するものだ。だがそれ以上に、シュミット（主義）の制度論は、国家主権の領域を超えた地政学的な領域をも視野に入れた議論であった。

「資本の」主権を地政治的にうち立てる

シュミットの政治思想は、オルド自由主義的な経済思想と深い共鳴関係にあり、秩序や制度によって「資本の」主権を政治的に補完するモチーフをもっていた。シュミットは国内において、リベラリズムのように政治と経済の分離を固定的に考えなかった。それと同様に彼は、国際的な次元においても、リベラリズムのように互いに独立した国民国家を前提にして国家間システムを考察することがなかった。シュミットによれば、16世紀以降にヨーロッパで成立した国家間システムは、あくまでもヨーロッパ大陸という圏域に根ざしたものであった。だが、イングランドや米国の海洋派へゲモニーによって自由な世界市場が発展すると、経済的権力がますます国際法を規定するようになっていく。シュミットは、こうした「資本の帝国」の成立によって、国家の領域主権が「政治的に不在」になることを危惧していた。というのも、ヨーロッパ大陸以外の圏域秩序が未解決の問題としてあらわれ、地政学的な無秩序（アナーキー）ばかりが増大すると考えたからである。[171]

リベラリズム批判者であるシュミットは、国内の主権的ヒエラルヒーから独立した、世界システムの無秩序（アナーキー）が、主権国家どうしの「バランスオブパワー」によって秩序化されるなどと楽観視していない。主権国家は、国内で「強い国家」として経済的自由を組織するだけでは不十分である。「資本の」国家である限り、国外つまり資本の「帝国」においても、諸国家システムを超えた大圏域を秩序形成しなければならないというわけだ。

ナチス政権下で構想された悪名高いライヒ論において、シュミットはたんに米国やイングランドの海洋派へゲモニーに対抗しようと試みたわけではなかった。シュミットの政治思想が反資本主義的なものではなかったことを思い出してほしい。彼はむしろ、国家間システムを超越

170　C. Schmitt (2006) *Über die drei Arten des rechtswissenschaftlichen Denkens*, Duncker & Humblot, p.47
171　C. Schmitt (1974) *Der Nomos der Erde in Völkerrecht des Jus Publicum Europaeum*, Duncker & Humblot, p.231

した「大地のノモス」において「資本の」主権を政治的のみならず**地政治（学）的**にもうち立てようとしたのだ。これはオルド自由主義のいわば国際的ヴァージョン、つまり「オルド・グローバリズム」と呼ばれるものである。[172] じつはシュミットの国際秩序思想にも、その国内主権論と同様に、ある種の経済思想を見いだすことができるのだ。

シュミットの国際法（字義通りには、諸民族の法 Völkerrecht）に関する議論は、西欧民主主義に特徴的な、国際法の普遍主義的適用を批判したものだと考えられている。19世紀になると、マルクスによっても強調された世界市場の発展は、国家主権を超えて、ヨーロッパ以外にも普遍主義的な世界法をもたらすだろうと思われた。シュミットはこの資本のコスモポリタニズムに批判的であった。というのも、「資本の文明化作用」（マルクス）は、政治的な利害ではなく純粋に経済的な利害によって、植民地主義を正当化したからである。シュミットはこの意味において、J・A・ホブスンやその後のマルクス主義者にみられる、経済的な帝国主義批判を共有していたと言ってよいだろう。

しかし、シュミットにとって、諸民族や諸国家を消滅させるかのような資本のトランスナショナルな主権は、いわば「弱い」惑星主権にすぎなかった。というのも、こうした抽象としての「資本の帝国」は具体的な大地に根ざした民族の圏域秩序を脅かすからである。つまり、シュミットにとって、惑星主権の強度は、資本の形態＝権力を具体的な圏域秩序によって補完することに依存していたのだ。したがって、シュミットのリベラリズムや経済主義に対する批判は、資本主義システムそのものに向けられたものではない。しかも、次章で詳述するように、シュミットの惑星主権には、「資本の」国家が地球の自然環境を根本的に破壊・再編してきたことに関するエコロジー的視座が決定的に欠落している。シュミットは、リベラル資本主義の空間なき普遍主義を批判していたが、彼がノモスや圏域といった法学的・地政学的概念を用いたのは、グローバルな社会主義革命の脅威に対抗するためであった。[173]「資本の」主権を「地政学的領域」という制度的秩序において強化すること、これがシュミットのライトモチーフにほかならない。

シュミットの帝国主義批判

シュミットの議論は一見するとアメリカ帝国主義を批判しながら、ヨーロッパ国際法の人道的性格を強調しているため、左派の現代思想や批判理論においてもよく参照されてきた。しかし、シュミットの帝国主義批判は、同時代のマルクス（＝レーニン）主義のそれとは異なる特徴をもっている。

172　クィン・スロボディアン（2024）『グローバリスト――帝国の終焉とネオリベラリズムの誕生』白水社

173　B. Teschke (2011) »Fatal attraction: a critique of Carl Schmitt's international political and legal theory«, in *International Theory*, 3 (2).

図2｜モンロー主義の3つの構成要素

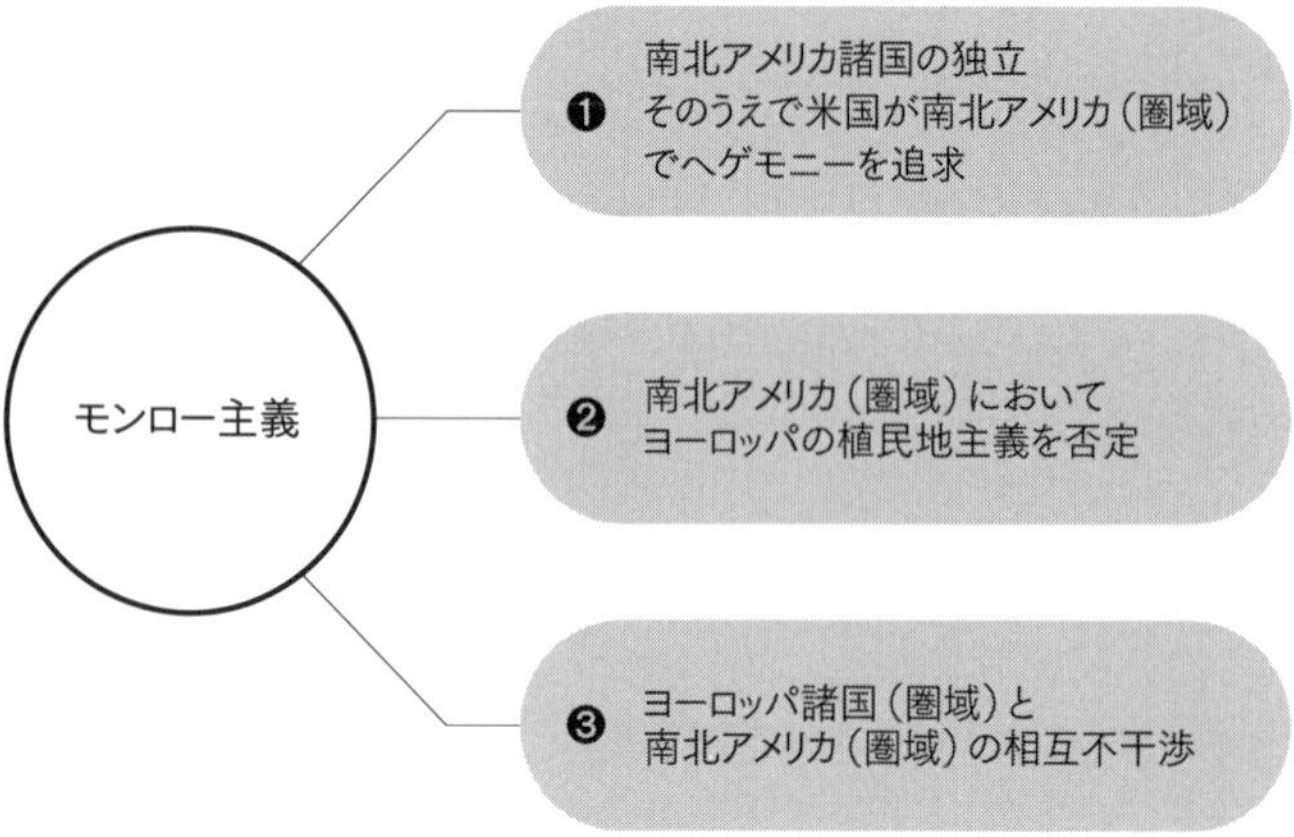

シュミットが帝国主義を批判する際に好んで引き合いに出すのが、19世紀前半の米国で誕生した「モンロー主義」という外交方針である。モンロー教書は、①米州諸国の独立、②この圏域におけるヨーロッパによる植民地化の否認、③米州諸国以外の勢力によるこの圏域への不干渉（同時に米州諸国もヨーロッパなどの他の圏域への不干渉）という三つの構成要素からなる〔図2参照〕。モンロー主義は、かつてのオランダやスペイン、そしてイングランドやフランスといった古い地政学的な帝国主義を批判したもの〔②〕だとされる。ただし、それはたんに諸国家システムを活用して経済的な帝国主義を追求するようなもの〔①〕ではなかった。しかも、実際にモンロー主義を掲げた20世紀前半のS・ルーズヴェルトやウィルソンの資本主義的帝国主義は、**本来の**モンロー主義とはかけ離れたものだとシュミットは考えた。モンロー

主義の核心は、あくまでも資本主義的な世界市場を否定すると同時に、外部勢力の干渉を拒否することで、諸民族の具体的な圏域秩序を保証するもの〔③〕だった。

もっとも、ナチ政権下のシュミットの目的は、本来のモンロー主義をドイツ・フォルク的な大圏域秩序として再興することにあった。シュミットのモンロー主義もまた、実際にはイギリスや米国とは別のタイプの帝国主義にほかならなかったのだ。[174] そのことは、シュミットが期待を寄せた日本の「アジア・モンロー主義」の帰結を考えると一目瞭然だろう。じじつ、「モンロー主義」の日本的ヴァージョンは、英米の帝国主義に対抗しつつも中国や東南アジアを植民地化することを試みたものだった。日本の「アジア・モンロー主義」においては、海洋派ヘゲモニーのみならず、「満州国」建国をつうじてユーラシア大陸へのヘゲモニー拡大も追求された。[175] 自国の経済的自給を図るために、主権国家システムを超えて「大東亜共栄圏」という大圏域秩序の形成が目指されていたのだ。[176]

シュミットの政治思想が左右の両翼から「ラディカル」なものとして受容されてきた理由は何なのだろうか。イタリアのマルクス主義者や米国のネオコンを惹きつけたのは、かれの「構成的権力」論にあると言える。シュミットにとって、法律や憲法に制約されない構成的権力

174 エティエンヌ・バリバール（2008）『ヨーロッパ市民とは誰か』平凡社、311頁以下
175 ジャニス・ミムラ（2021）『帝国の計画とファシズム』人文書院、260頁
176 安達宏昭（2022）『大東亜共栄圏——帝国日本のアジア支配構想』中公新書

は、ナショナルな個別国家の領域においてのみ通用するものではない。それは、グローバルな圏域という「新しい大地のノモス」においても、「現実の」敵対関係から生成する。こういうわけで、1960年代のシュミットは、主権者を体現したネイションやフォルクではなく、今度は国家主権によっても捕捉できないような、土着のパルチザンに着目するようになる。シュミットの考えでは、ノモスにおける敵対関係こそが、例外状態において決断する主権者を制度的に補完する。大地のノモスという具体的秩序が、経済的な帝国主義に対抗するための「政治の自律性」を担保してくれるというわけだ。シュミットのライトモチーフは、大地のノモスという前‐法学的な構成的権力こそが、具体的な圏域に対する処分権をもつというものだった[177]。つまり、ノモスという構成原理から、資本主義的な帝国主義、すなわち世界市場とそれを制度的に補完する国家間システムを批判したのである。もちろん、彼の帝国主義批判は、資本主義システムそのものを批判したものではなかったが。

　シュミットはその奇妙な語源学によって、ノモスの原義を①取得 Nehmen、②分配 Teilen、③牧養 Weiden〔図3参照〕に求め、①が最も根源にある意味だと指摘した。シュミットによれば、産業資本主義によって市場システムが社会全体に浸透すると、取得（あるいは獲得）〔①〕は非合法的なものとされる。というのも、暴力的強制力による富の捕獲ではなく、市場での商品交換が社会を再生産するようになるからだ。その結果、ただ取得する〔①〕ことなく、分配〔②〕と牧養〔③〕（マルクス主義で言うところの生産）のみが支配する人間社会が形成されることになる。[178] つまり、シュミットは②と③の経済主義に対して、どんな人間も取得〔①〕なしには分配〔②〕も生産〔③〕もできないという政治的思考を打ち出している。とはいえ、シュミットは産業資本主義そのものを否定したわけではなかった。ヴァイマール期から厳しく社会国家を批判していたシュミットにとって、社会国家による再分配は決して正当化されるものではなかった。社会国家は、産業の自由な発展に制約を課す「弱い国家」にすぎないからだ。[179] 要するに、「政治的なもの」――ここでは大地あるいは圏域の取得による秩序形成のことだが――なしには、「強力な国家と健全な経済」を確立することはできない。

図3　ノモスがもつ3つの意味

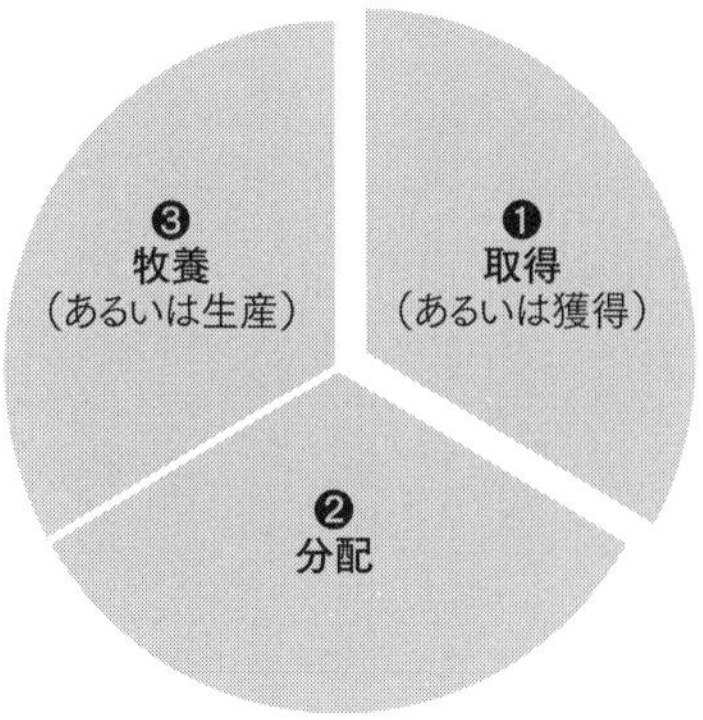

　シュミットは、戦後の米国のヘゲモニーに象徴される資本主義的帝国主義が、本来的な基本秩序であるべきノモスを消滅させる傾向にあると考えていた。シュミットにとって、大地のノ

177　Teschke (2011)
178　C. Schmitt (1955=1995) »Der neue Nomos der Erde«, in *Staat, Großraum, Nomos*, Duncker & Humblot
179　マウス（1993）、34頁

モス、すなわち大地の取得は、たんにネイションという一定の領域ではなく、地球という惑星的次元に関わっている。つまり、主権国家を超える地球全体のレベルにおいて、どのように空間的な境界を設定し、一定の領域を分割するかという、文字通り地球－政治的な問題である。シュミットにとって、「資本の」帝国は、領域国家にとって決定的であるはずの空間秩序を無効化してしまうものだった。つまり、大地のノモスという具体的秩序を破壊し、惑星レベルで人類の政治的統一を実現するコスモポリタニズムである。ただし、すでにみたように、シュミットの議論は、このような資本主義的帝国主義に対するただの反動的な回答ではなかった。むしろ、「資本の」主権を個別国家の領域主権ではなく、新たな大圏域の秩序形成によって強化しようとしたものと考えるべきなのだ。

　シュミットは、リベラリズムのように国内法と国際法の形式的分離に固執しなかった。通常は、あらゆる領域が主権国家に帰属しているという国内主権を前提にして、アナーキーな国家間領域を統制する国際法が考察される。だが、本来の国際法分析は、主権国家をいったんカッコに入れて、国家の領域主権に属さない圏域そのものを射程に入れるべきだとシュミットは考えた。シュミットはそれを、「惑星的で地球空間的な思考」様式と呼んでいる。[180] 戦後に資本主義世界が発展していくのを目の当たりにしたシュミットは、ヨーロッパ公法をベースにしながらも、自らの主権論を惑星レベルへと拡張しなければならないと考えていた。というのも、中期の決断主義では、地球全体の土地取得や、技術革新による「空間革命」といった地政学的次元を把握できなかったからだ。しかし、シュミットの①取得②分配③生産という図式は、市場をつうじた剰余の「捕獲」という資本主義的な社会関係をまったく捨象したものであり、[181] エコロジー的次元も考慮されることがない。じじつ、シュミット自身の資本主義認識は、経済的権力による越境的な圏域が形成されることで、大地のノモスにもとづく具体的秩序が消滅してしまうだろうという、至って単純なものであった。

だが、シュミットの帝国主義批判は、複数のネイションや個別国家を前提とするのではなく、惑星レベルでの「地政学的システム」に正面から応答しようとしたものである。マルクス主義の帝国主義論に比べれば、昨今の多極化する世界や気候危機の時代にシュミットの議論は参照軸として役立つだろう。抽象概念としての「資本の」帝国は、実際には主権国家体制のバランスオブパワーであれ、大圏域の秩序形成であれ、空間的・地理的な境界の設定を必然的に要請するシステムである。歴史的に考えても、シュミットが正しく指摘するように、「資本の帝国」が圏域なき秩序として現存したことなどなかった。「資本の帝国」は、制度的にかならず、国家間システムや、それとは別の大圏域秩序に具体化されるのだ。

シュミットは、最晩年の「合法的世界革命」（１９７８）において、ユーロコミュニズム（70

---

180 C. Schmitt (1941=1995) »Völkerrechtliche Großraumordnung mit Interventionsverbot für raumfremde Mächte. Ein Beitrag zum Reichsbegriff im Völkerrecht«, in *Staat, Großraum, Nomos*, Duncker & Humblot, p.306

181 Teschke (2011)

年代に西欧諸国の共産党がソ連を批判して掲げた議会主義戦略のこと）が個別の国民国家における合法的な革命を志向するのに対して、本来のコミュニズムであれば人類の政治的統一を掲げるべきだと皮肉っている。[182]かつてであれば、コミュニズムは、「一国社会主義」（スターリン）ではなく、資本のコスモポリタニズムを超越した世界革命であると考えられていた。これに対して、シュミットは大地のノモスを破壊する世界市民的な社会主義ではなく、むしろ「大地のノモス」から現実の敵対関係を絶対化しようとするレーニンや毛沢東のパルチザン論を高く評価していた。シュミットにとって、「現実の敵対関係」は冷戦構造においても消滅するものではない。「冷戦とは、公然と暴力的な手段を用いないでそれ以外の手段を用いることによる、現実の敵対関係が事態に適合する活動なのである[183]」。

1970年代末になると、シュミットは、「資本の」主権が、惑星レベルでの政治的統一ではなく、三つの大圏域（米国、ソ連、中国）へと導かれるというシナリオを提示していた。ベトナム戦争や中東戦争のように、一つの大圏域で覇権を獲得した国家が、さらに他の圏域において自らの政治や戦争を遂行する可能性にも言及している。第三世界におけるパルチザンの闘争（現代ではテロリズムが該当するだろうか）は、こうした大圏域に対抗するかたちで、新たに「政治的なもの」をうち立てる実践であるとシュミットは考えた。ヨーロッパ大陸の主権国家が米国やソ連をヘゲモニー国とする「資本の」主権に包摂されてしまった段階では、シュミットが期待する「大地のノモス」は第三世界の「圏域」にしかもはや残されていなかった。[184]

182 C. Schmitt（1978＝2005）»Die legale Weltrevolution. Politischer Mehrwert als Prämie auf juristische Legalität und Superlegalität«, in *Frieden oder Pazifismus? Arbeiten zum Völkerrecht und zur internationalen Politik*, Duncker & Humblot, p.932

183 C. Schmitt（1963）*Theorie des Partisanen: Zwischenbemerkung zum Begriff des Politischen*, Duncker & Humblot, p.63

184 現代の極右思想が——独仏（アイデンティティ運動）や米国（オルタ・ライト）、そしてロシア（ユーラシア主義）において——シュミットの「大圏域」理論からどのような着想を得てきたかについては、フォルカー・ヴァイス（2019）『ドイツの新右翼』新泉社、第8章を参照。

第二章——◉グローバル戦争レジーム

システム的カオスの時代へ

冷戦終結後の「グローバリゼーション」の時代、米国の政治学者フランシス・フクヤマの予想に反して、米国を中心とするリベラルな資本主義秩序が最終的に勝利することはなかった。21世紀初頭には、多国籍企業やIMFなどの国際機関、つまりはトランスナショナルな経済的権力が主権国家を形骸化していくと考えられた。ネグリらの〈帝国〉は、こうした枠組みの左派ヴァージョンとして理解されていたのだ。

しかし、ここ20年以上にわたり現存してきたグローバル資本主義は、自由民主主義国による統一された世界を生み出すどころか、むしろグローバルなレベルで戦争を激化させた。たとえば、2022年には55もの紛争が確認されており、世界人口の4分の1にあたる20億人が生活する地域が紛争にさらされ、2023年初頭までにそのうち1億8000万人が避難を余儀なくされたという。[185] だが、これらの紛争は、かつての「冷戦」時代の二極体制のもとで生じた「代理戦争」などではない。私たちは現在、より多極的な、圏域間の地政学的対立というシュミット的世界に直面している。

近年の世界情勢は、米国のヘゲモニー低下によって混沌とした様相を呈している。中東や北アフリカなどの「ポストコロニアル国家」間、そして東欧や南東欧の旧「現存社会主義国」間で継続的に紛争が展開されるなど、資本主義世界システムにおいて主権国家体制が機能不全に陥っているのだ。イタリアの世界システム論者であるジョヴァンニ・アリギは、冷戦後の地政学的な無秩序（アナーキー）を、主権国家システムのアナーキーと区別して、システム的カオスと呼んだ。[186] アナーキーが実際にはバランスオブパワーのように、ある種の秩序を生み出すとすれば、アリギが定義したカオスは、それとは別の地政学的システムである。つまり、全般的に秩序が欠落した多極的世界において、さまざまなレベルで秩序形成への要求が増幅していく状況のことだ。

アリギは、システム的カオスの中から、米国を中心としない新たなヘゲモニー秩序が生成すると考えた。かれ自身はその担い手として中国を想定している。[187] 近年、たしかに中国は、独自の「モンロー・ドクトリン」によって、アジア・太平洋地域から米国を追い出す「地域覇権」（ミアシャイマー）を狙ってきた。だが、システム的カオスは、新しい大国が現行の国家間システムに挑戦することから生じるわけではない。ヘゲモニーの交替はむしろ、衰退する大国が資

185　エマ・ビールズ（2023）「戦争で溢れる世界」『フォーリン・アフェアーズ・リポート』２０２３年12月号
186　ジョヴァンニ・アリギ（2009）『長い20世紀』作品社、12頁
187　ジョヴァンニ・アリギ（2011）『北京のアダム・スミス』作品社

本主義システムの変化に、たとえばグローバルな経済権力の地政学的シフトに、適応することができない結果として到来する。[188] つまり、グローバル経済の中心地である南・東アジア地域の大国がリーダーシップを発揮し、米国がそれに適応するかどうかがヘゲモニー移行の基本的条件となるというのだ。

だが、たとえば中国やインドがアジア地域での覇権を超えてグローバルなリーダーシップを発揮できるかどうかは未知数である。また現在、地政学的な軍事対立のみならず、さまざまな経済回廊構想（国境を横断するかたちで道路や鉄道などのインフラを開発するプロジェクトのこと）にみられるように、地経学的な（geoeconomical）対立が激化している。それゆえ、システム的カオスはヘゲモニー移行の徴候というよりも、複合的な危機が常態化する新たな時代の幕開けと言えるかもしれない。[189]

2021年のアフガン撤退で決定的となった米国のヘゲモニー低下は、中国の一帯一路やロシアのユーラシア主義のような大圏域構想、そしてグローバル・サウスといった別の圏域におけるさまざまな秩序形成を促している。資本主義世界システムの地政学的カオスは、主権国家を超越した大圏域の形成と対立においてすでに出現している。だから私たちは、このように多極化した世界の地政学的システムを正面から考察する必要があるのだ。

ただし、現代の地政学的カオスは、ネイションという領域を前提とした帝国主義国家間の対立を意味しない。「資本の」主権（マルクス）は、国家の領域主権を超えた「惑星的で地球空間的な思考様式」（シュミット）でもって、具体的かつ歴史的に把握されなければならないからだ。だが、資本主義的帝国主義なるものを、具体的秩序を脱圏域化するようなコスモポリタニズムとして理解してはならない。すでにみたように、「資本の」主権は、西ヨーロッパに由来する国家間システムや、中国やユーラシアなどの圏域秩序との関係において、すなわち地政学的な諸制度に刻印されている。21世紀のシステム的カオスの時代、私たちは惑星レベルで展開する文字通りグローバルな戦争を考察の中心におく必要がある。

エコシステム的カオス？

スペインのアウトノミア派であり、ネグリとの共著もあるセディージョは、『この戦争はウクライナで終わらない』（2023）という著作（未邦訳）で、惑星的次元で進行する戦争レジームを論じている。[190] 世界金融危機以降、資本主義システムは長期停滞期に突入しており、産業的な資本蓄積による利潤ではなく、土地や天然資源の排他的所有による超過利潤、そして近年ではデータ独占による超過利潤を基軸とする「レント資本主義」へと移行した。[191] 中国やロシア

188 D. Calleo（1987）*Beyond American Hegemony: The Future of the Western Alliance*, Basic Books, NY
189 M. Hardt & S. Mezzadra（2024）»A Global War Regime«, in *Sidecar*
190 R. S. Cedillo (2023) *Dieser Krieg endet nicht in der Ukraine: Argumente für einen konstituierenden Frieden*, transversal texts

といった「国家」資本主義が相対的に台頭している背景には、こうした資本主義の構造転換があるのだ。

産業利潤に依拠した蓄積体制から、レント（固定化された超過利潤）による収奪体制への移行によって、国家暴力の直接的な行使は、もはや階級闘争を鎮圧するといった例外的な場合に限られなくなる。伝統的なマルクス主義においては、露骨な暴力の発動は、「本源的蓄積」という資本主義システムの誕生期に限られるもので、その後で暴力行使は後景に退いていくと考えられた。だが、第一部でみたように、国家権力が資本の構成要素であるというテーゼを前提とするならば、国家の暴力が資本主義システムを「構成する」という事態も説明可能である。

直接的な暴力が前景化するのは、なにも「本源的蓄積」という歴史的な一時代に限られない。それは、サグラリオ・アンタ＝マルティネスが「資本の末期的蓄積」と呼んだ[192]、現代のポスト蓄積体制においてもはっきりと観察される。今日重要となっている「採取主義 extractivism（政府が自国の鉱物資源を輸出することで外貨を獲得する政策のことで、元来は南米の左派政権を批判するために用いられた概念）」は、レアメタルやシェールオイルといった天然資源の採掘にとどまることがない。すなわち、資本の採取主義は、データの採掘（マイニング）と取得をつうじて、社会的労働や生産力（協業）から強制的に富を捕獲している。[193] こうして、市場の価値法則ではなく、天然資源や土地（あるいはプラットフォーム）の排他的所有をつうじた暴力的収奪が、国家権力と絡み合いながら、ますます資本の権力を構成するようになる。

セディージョは、ポスト蓄積体制のなかで、資本主義世界システムは、たんに地政学的なカオス（アリギ）ではなく、「エコ」システム的カオスにあると考えた。なぜなら、ポスト蓄積体制はマルチチュードの生きた労働（人間）のみならず、エコロジー（自然）をふくめたシステム全体から富を領有する傾向を強めているからだ。このエコシステム的カオスという新たな秩序の登場は、国内外の「大地のノモス」（シュミット）という地政学的領域のみならず、生態系（エコシステム）をも包括した惑星主権を概念化するよう私たちに迫っている。ウェインライトとマンは、アガンベンの例外状態に関する議論を気候危機の問題に応用することで、「惑星主権」という新たな主権概念を提起した。[194] 気候危機の時代には、国家を超えて人類全体が惑星レベルのカタストロフに対処しなければならなくなっている。「惑星主権」とは、国家ではなく惑星、つまり地球そのものが主権となるような権力メカニズムのことだ。たとえば、国際社会において惑星主権者は、誰がどれだけ温室効果ガスを排出することができ、誰がどのように気候危機に適応し、誰と何が犠牲にされなければならないかを管理する。惑星主権とは、資本主

191　サンドロ・メッザードラ、ブレット・ニールソン（2021）「多数多様な採取フロンティア」『思想』岩波書店、第1162号
192　S. A. Martínez (2019) »'Terminary' Accumulation or the Limits of Capitalism«, in *Open Marxism 4 : Against a Closing World*, Pluto Press
193　ネグリ、ハート（2022）226頁
194　ウェインライト、マン（2024）

義国民国家から構成される世界システムにおいて、グローバルなガバナンスをおこなう権力の新たな形態にほかならない。

ウェインライト＝マンは、惑星レベルで主権形態を構築することで気候変動に対処し、資本主義システムを維持・強化する権力メカニズムをとくに「気候リヴァイアサン」と名付けた。ただし、エコシステム的カオスにおいては、この気候リヴァイアサン＝惑星主権と、ウェインライトたちが「気候ビヒモス」と名付けた国家主権とが絶えず抗争を繰り広げる。「惑星主権」はあくまでも思弁的な一つの抽象モデルであって、大圏域秩序といった地政学的制度において展開するというわけだ。

気候ビヒモスとは、あくまでも国民国家という主権形態に固執することで気候変動を否定し、化石資本への依存を追求しようとする権力メカニズムのことである。たとえば、ロシアのプーチン体制は、21世紀になって石油や天然ガスをはじめとする採掘・採取産業や金融セクターを戦略的産業として強化することで、権威主義化していったと言われている。トランプやボルソナーロ、そしてプーチンの気候変動否定論（気候ビヒモス）は、化石資本との結びつきを維持・強化し、グリーン・ニューディール政策（気候リヴァイアサン）に対抗するものであった。こうして、気候変動という文字通り地球規模の緊急事態に対処・適応しようとする大国のヘゲモニー対立は、たんなる国民国家の次元を超えた、惑星的でトランスナショナルな次元で新たな戦争レジームを生み出している。

グローバル内戦としてのウクライナ戦争

ウクライナ戦争は、大国ロシアがウクライナの主権を侵害するという国家間戦争としてのみ理解されてはならない。この戦争は、旧ソ連というかつての帝国的圏域における「分離紛争」であり、２０１４年2月以降のロシアによるクリミア併合とウクライナ東部でのドンバス紛争の延長線上にある。[195] ウクライナ戦争は、旧ソ連においてヘゲモニー国家であったロシアが、新たに大圏域秩序の形成を目指したものなのだ。

セディージョによれば、この戦争は、エコシステム的カオスという新しい世界秩序の到来を告げるものだった。ウクライナ戦争は、ユーゴ紛争やイラク戦争、シリア内戦などとともに、冷戦後の資本主義世界システムにおける「終わりなき」グローバル内戦の一つである。グローバル内戦とは、以前の世界大戦のような領域国家間での戦争ではなく、文字通り主権国家を超えた惑星的次元での戦争のことだ。惑星主権のレベルにおいて私たちは、いわば第三次世界大戦の時代にすでに突入しているというわけである。

だが、「惑星的で地球空間的な思考様式」によるグローバル内戦の分析は、地政学的な歴史

195 松里公孝（2023）『ウクライナ動乱——ソ連解体から露ウ戦争まで』ちくま新書、43頁以下

的事象の考察によって補われなければならない。今回のウクライナ戦争を考察するうえでセディージョが着目したのが、第一次世界大戦の地政学的コンテクストである。戦間期に成立したソヴィエト連邦の「帝国」的性格は、第一次世界大戦の総力戦を考慮することではじめて理解できるからだ。[196]第二部でみたように、第一次世界大戦をつうじて、列強諸国（イギリス、フランス、ロシア、オーストリア、ドイツ、イタリア）による圏域秩序は、相互に独立した主権国家どうしの国際関係へ移行しつつあった。しかし、オスマン朝やロシアといった帝国の解体は、少数民族や国家無きネイションの分裂といった新たな圏域の無秩序（アナーキー）を引き起こした。その結果、国家間システムは地政学的制度として定着するどころか、資本主義列強間の敵対関係をいっそう激化させることになる。その意味では、たしかに20世紀の戦争レジームも、ヨーロッパ以外の植民地や米国をも巻き込んだ世界レベルのものであったと言える。

二度の世界大戦をつうじてようやく制度化した国家間システムは、人道的な国際法のもとで「正義の戦争」を定義していたという点で、戦争を最終手段として組み込んだものだった。[197]国際連合は二度の世界大戦の勝者によって創設されたものであり、国家間システムによるバランスオブパワーが戦争を排除することなどなかった。じじつ、「冷戦」期の資本主義世界システムにおいても大圏域どうしの敵対関係が継続しており、旧植民地国家の独立をめぐって「熱戦」が繰り広げられた。そもそも冷戦構造は、米国を中心とする資本主義の大圏域と、ソ連を中心とする「社会主義」の大圏域とがたんに地政学的に敵対していたわけではない。セディージョは、むしろ両者の対立を、資本主義世界システム「内部」における中心国と半周辺国の敵対関係として理解している。

ロシアは、17世紀末のピョートル大帝以降、19世紀後半の明治日本と同様に、つねに資本主義世界システムの中心部に前進しようとする帝国主義的傾向をもっていた。[198]「現存社会主義」国家とは、そのイデオロギーに反して、ロシア革命とその後の本源的蓄積過程を経て成立した国家資本主義システムにほかならない。とくにスターリン体制のもとで大祖国戦争が遂行され、一国社会主義路線によって惑星レベルでの世界革命が頓挫すると、ソ連は資本主義世界システムの半周辺国に典型的なダイナミズムにしたがうようになった。こうした「現存社会主義」の地政学的起源は、冷戦後に展開する「資本の」主権、とりわけウクライナにおけるオリガルヒ（政治的資本家）とトランスナショナルな資本（欧州復興開発銀行など）との対立においても、その痕跡が消えることはなかった。現代のウクライナ戦争は、本来は帝国的圏域において展開する地政学的な対立が、ある意味では国家間システムの次元へと矮小化したものにすぎないと言える。[199]

196 池田嘉郎（2024）『ロシアとは何ものか——過去が貫く現在』中公選書、30頁
197 Cedillo (2023) Ch.1
198 ゲオルギ・デルルギアン（2019）「共産主義とは何であったか」『資本主義に未来はあるか』唯学書房
199 松里（2023）、495頁

現代のリアリズム（バランスオブパワーを重視するリベラリズムに対して、大国によるパワー政治の拡大を重視する立場のこと）を代表する国際政治学者のジョン・ミアシャイマーは、冷戦終結後のＮＡＴＯの東方拡大がウクライナ侵攻のきっかけとなったとして物議を醸した。だが、国際関係論のリアリズムは大国のパワーの源泉が資本の権力にあることを無視している。[200] じじつ、ウクライナに対するトランスナショナルな資本の利害は、ＮＡＴＯの東方拡大に比べて過少評価されてきた。[201]

そもそも、ヨーロッパ安全保障協力会議（のちに機構と改称）のパリ憲章（１９９０年）にみられるように、冷戦の終結はたんに軍備の縮小を促すものではなく、旧ソ連諸国がヨーロッパの法システムや自由市場へと強制的に同質化される過程でもあった。しかし、旧ソ連の崩壊過程は、まさにその新自由主義的なショックドクトリンによって、自由民主主義体制ではなく権威主義体制に帰結したのである。反共産主義と自由市場の名のもとに、ソ連時代の国有財産が掠奪され、オリガルヒという新興財閥が勢力を拡大していった。さらに、ノーメンクラトゥーラと言われる旧ソ連共産党のエリート層は、ロシア連邦から分離独立していく諸共和国のエリート層へとスライドしていった。各共和国における急速な新自由主義化は、ポストコロニアル国家に典型的な「腐敗」や「汚職」を常態化させることになる。[202]

じじつ、ウクライナ国家は、旧ソ連諸国のなかでも政治腐敗がトップクラスであり、クレプトクラシー（少数の権力者が、国民や国家の資産を横領し、私腹を肥やす政治体制）が成立していた。急激な市場改革とクレプトクラシーの結合は、外国債務への極端な依存を生み出した。こうした新自由主義的なクレプトクラシーに対して２０１３年末から国内では反政府運動が展開されていたが、２０１４年2月のマイダン蜂起がウクライナ戦争の直接のきっかけとなったと考えられている。その背景には、新自由主義的なクレプトクラシーのもとでウクライナ国家の主権が侵食され、ロシアと欧米との地政学的対立が新たな局面に入っていたことがある。[203]

マイダン革命は、民主化革命かクーデターかで現在でも歴史家のあいだで評価が分かれているが、アラブの春やオキュパイ運動のような民衆蜂起ではなかった。[204] マルクス主義社会学者のヴォロディームィル・イーシェンコによれば、マイダン革命はたしかに表面的には進歩的な運動であったが、親ＥＵの新自由主義勢力が台頭することで、地方のオリガルヒたちがトランスナショナルな資本の圧力（民営化や減税、労働規制の緩和など）に晒されることになったという。マイダン革命は結果的に社会的不平等を拡大させ、さらに政治的には、革命中に勢いづいた極右の民族主義者たちが、東部のドンバス紛争においても活動の余地を広げることになった。ウ

200　ローゼンバーグ（2008）、第一章
201　V. Ishchenko & Y. Yurchenko (2019) »Ukrainian Capitalism and Inter-Imperialist Rivalry«, in I. Ness, Z. Cope (eds.) *The Palgrave Encyclopedia of Imperialism and Anti-Imperialism*, Palgrave Macmillan.
202　ジャン＝フランソワ・バイヤール（2023）『アフリカにおける国家』晃洋書房
203　Y. Yurchenko (2018) *Ukraine and the empire of capital: from marketisation to armed conflict*, Pluto Press, p.1
204　V. Ishchenko (2024) *Towards the Abyss: Ukraine from Maidan to War*, Verso, London, Ch.2

クライナでは、大きく言って国内のオリガルヒ（親ロ派）とトランスナショナルなエリート（親欧米派）が新自由主義クレプトクラシーにおける「強い国家」の形成をめぐって対立していたのだ。

ウクライナ国内における革命と内戦はなぜ主権国家どうしの大戦争へと拡大してしまったのか。本書の観点からすると、国家間システムを超越した惑星主権におけるヘゲモニー対立を見過ごすことはできない。つまり、旧ソ連の大圏域において「地域覇権」を拡大しようとするロシアと、プーチンの気候ビヒモスに対抗しようとする欧米エリートの気候リヴァイアサンである。じじつ、ウクライナ戦争は、結果としてではあるが、ロシアの安価な化石資本に依存するドイツをロシアからデカップリングさせ、EUにおいてグリーン・ニューディール政策を加速させることになった[205]。

ポスト蓄積体制における戦争レジーム

ポスト蓄積体制とエコシステム的カオスにおいては、主権国家の次元のみならず、惑星的な次元で戦争レジームが生み出される。このグローバルな戦争レジームは、たんなる国家間戦争ではなく、文字通り地球（globe）における内戦とならざるをえない。しかも現代の戦争は、合法的に暴力を独占する国家が軍事力を行使するというフレームワークだけでは分析できない。

たとえば、生成ＡＩの驚異的な進歩は、監視技術やドローン戦争によって促進されたものであり、民生技術が積極的に軍事に転用されている。[206] さらに、インフラの供給や物流のロジスティクスも、純粋な経済活動ではなく、戦争における兵站技術や安全保障上の戦略と密接に結びついている。[207] 戦争レジームとは、私たちの社会生活が軍事化することを意味しているが、それは実際の軍事力の発動とは別に進行するものなのだ。[208]

たしかに、かつての冷戦下においても、ヘゲモニー国家である米国がマーシャルプランをつうじて同盟国の再軍備化をはかり、軍需産業に大規模な公的支出を傾ける「軍事的ケインズ主義」が採用されていた。[209] 戦後の先進資本主義諸国の蓄積体制は、ソ連の大圏域秩序との地政学的対立のもとで全世界に配置された、恒久的な軍事基地に支えられたものだった。ところが、現代のポスト蓄積体制のもとでは、戦争や軍事は**より直接的に**「資本」の権力を構成することになる。グローバル戦争レジームのもとで紛争が恒常化すると、国境をめぐる安全保障上の緊張が高まり、軍事同盟や外交関係が絶えずフレキシブルに編成されるからだ。だが、それは同

205　市川顕（2023）「REPowerEU ——危機への対応と３つのＥ」『戦禍のヨーロッパ——日欧関係はどうあるべきか』日本国際問題研究所
206　古谷知之、伊藤弘太郎、佐藤丙午編『ドローンが変える戦争』（2024）勁草書房
207　北川眞也（2024）『アンチ・ジオポリティクス』青土社、267頁
208　S. Mezzadra & B. Neilson (2024) Ch.3
209　アリギ（2011）、216頁

時に、資本の流通（物流やサプライチェーンなど）が時空間的に再編されることを意味している。天然資源の採掘や土地（プラントを含む）の再配置は、レントをつうじた収奪体制において決定的に重要である。戦争はかつてのように産業的な蓄積体制をただ補完するのではなく、むしろ戦争を介して積極的により収奪的な蓄積体制が追求されるのだ。[210]

シオニズムはセトラーコロニアリズムである

2023年10月に新たな戦局に突入したパレスチナ戦争は、1年以上経ってもいまだ恒久停戦の兆しが見えないが、イスラエル軍のガザ地区への侵攻により、2024年10月時点で4万人を超えるパレスチナ人たち（そのほとんどが女性や子ども）が殺害され、10万人以上の負傷者が発生するという前代未聞のジェノサイドとなっている（英ガーディアン紙の推計では、33万人を超える死者数ともされる）。マルクス主義環境史家のアンドレアス・マルムはこの異次元の殺戮を、最先端のハイテク技術によって遂行されたテクノ・ジェノサイドと呼んでいる。[211]実際にイスラエルの占領軍は、ガザ地区における民間人の移動やインフラに関する膨大なデータをＡＩで処理することによって、今回の軍事行動でターゲットとなる殺害者リストを作成したという（もっとも、「アル・アクサー洪水」と呼ばれる軍事作戦はイスラエルの最先端防衛システムを突破することに成功したのだが）。

パレスチナでは、オスロ合意（1993年）以降、和平交渉が進むどころかむしろイスラエル政府による入植地拡大が続いてきた。21世紀に入ると、入植地拡大とともにパレスチナの抵抗拠点であるガザ地区が「経済封鎖」され、実効支配しているハマースとの「戦争」が繰り返されてきた。近年、パレスチナ問題の研究者たちは、イスラエル政府による軍事「占領」ではなく、20世紀前半から継続するセトラーコロニアリズム（入植者植民地主義）という観点から、パレスチナ／イスラエル紛争を分析するようになった。[212]

ナチのホロコーストをきっかけに勢力を拡大させたシオニズムは、1948年のナクバ（アラビア語で大惨事を意味する）において、パレスチナのアラブ人たちを「民族浄化」することによってイスラエルを建国した。[213] だが、近代のシオニズムはたんなるユダヤ人国家建設運動ではなく、セトラーコロニアリズムの一形態として理解されなければならない。最初はシオニストの民兵、のちにイスラエル軍は、原住民の殺害や投獄、かれらの家屋の破壊や土地の没収と併合などをつうじて、アラブ人の半数以上をパレスチナから追放した。その結果として、アラブ

210 S. Mezzadra & B. Neilson (2024)
211 A. Malm (2024) *The Destruction of Palestine Is the Destruction of the Earth*, Verso, London
212 今野泰三（2024）「入植者植民地主義とパレスチナの解放」『パレスチナ／イスラエルの〈いま〉を知るための24章』明石書店
213 イラン・パペ（2017）『パレスチナの民族浄化――イスラエル建国の暴力』法政大学出版局

人が圧倒的多数を占めていた領域にユダヤ人が「多数派」となるように建設されたのがイスラエルという国家だった。[214] シオニストにとって国家はむしろ、自らのセトラーコロニアリズムを実現するための道具にすぎなかった。[215]

英米圏を中心に研究が積み重ねられてきたセトラーコロニアリズム論は、資本主義システムをより多角的に分析するうえでも重要である。従来のマルクス主義の分析枠組みでは、資本と賃労働の関係が基軸とされ、土地や生産手段の脱所有化は「本源的蓄積」という歴史的過程に限定して理解された。だが、セトラーコロニアリズムや近年の収奪体制のもとでは、土地から原住民を追放する入植活動、つまり脱所有化過程こそが「資本」の権力を構成する。こうした植民システムを正面から考察することで、私たちはマルクス主義のフレームワークそのものを脱植民地化しなければならないのだ。

セトラーコロニアリズムの歴史研究によれば、入植地では、原住民を労働力に統合することのないままに脱所有化することが可能となっている。[216] 最近ではイスラエルの「明示的レイシズム体制」（フレドリクソン）が事実上のアパルトヘイトであると批判されることが多い。だが、南アフリカのアパルトヘイト体制が黒人労働力に依存したのに対して、シオニズムはむしろパレスチナ人労働力への依存を回避しようと試みてきた。セトラーコロニアリズムは、入植者が土地を蓄積し既存の社会的組織を破壊することによって、原住民支配の基礎をうち立てる。[217] そもそも近代のシオニズムは、ナチのホロコーストとの関係のみならず、より大きな植民地主義の文脈において理解されなければならないのだ（近年のポストコロニアリズム研究においては、ホロコーストも、ドイツ領西南アフリカの原住民ヘレロ／ナマクア族へのジェノサイドの延長線上において理解されている）。

シオニズムは、１９３０年代のアラブ大反乱にみられる反植民地主義闘争に直面した（ユダヤ人）入植者たちが、イギリス帝国の化石資本（パイプライン）を守るために、スエズ運河の片側を保護しようとしたものだった。たしかに、パレスチナ人たちは、植民地支配下にあった他の民族と同様に、まずもって宗主国イギリスに対抗する必要があった。だがパレスチナ人は、戦間期に部分的ではあれ独立国家を建設したアイルランド人とは決定的に異なっていた。というのも、パレスチナでは、イギリスの植民地主義のみならず、イギリスに支援されたシオニストという独特な「入植者」と闘う必要があったからだ。[218] パレスチナ／イスラエル紛争の百年は、セトラーコロニアリズムとそれに抵抗するパレスチナ民衆の歴史であった。21世紀の私た

214 ラシード・ハーリディー（2023）『パレスチナ戦争――入植者植民地主義と抵抗の百年史』法政大学出版局、10頁
215 A. Toscano (2023) »Israel, fascism, and the war against the Palestinian People«, in *From the River to the Sea: Essays for a Free Palestine*, Verso. London
216 P. Wolfe (2006) »Settler Colonialism and the Elimination of the Native«, in *Journal of Genocide Research*, 8 (4)
217 S. Englert (2022) *Settler Colonialism*, Pluto Press
218 ハーリディー（2023）63頁

ちは、現在進行形でセトラーコロニアリズムの「勝利」を目撃しつつある。

今回のガザ地区における異次元のジェノサイドは、1948年のナクバとそれ以降続いた（大規模なものに限っても）12回に及ぶガザ侵攻の延長にあるものだ。ラシード・ハーリディーは、大国が直接関与する国家間戦争として注目されがちなイスラエルとアラブ諸国の戦争において、なぜガザ地区がイスラエルの標的となってきたかに注意を促している。そもそも、ガザ地区は1948年に故郷を奪われたパレスチナ人の抵抗運動が結集する場であり、ファタハやPLOを創設した指導者の多くがガザの出身者であった。また、昨今、対イスラエル武装闘争を強く主張するイスラーム聖戦やハマースも、もともとはガザで生まれた組織であり、ガザを拠点に抵抗運動をおこなってきた。[219] こうした歴史的コンテクストからすると、セトラーコロニアリズムへの抵抗運動を殲滅することこそが、イスラエル政府＝極右シオニストたちの最終目的であると言えよう。2003年に「人種差別法」が採択され、2018年にはイスラエル市民内の法的不平等を制度化した「基本法：ユダヤ国民国家」が成立するなど、近年ではイスラエルの極右化（シオニスト左派が粉砕された意味での）が決定的なものとなっていた。

とはいえ、それだけでは今回のような異次元の軍事侵攻を説明することはできない。第一に、ここでも私たちは、ウクライナ戦争と同様に、惑星主権とエコシステム的カオスという地政学的秩序を考慮しなければならない。戦後の中東地域の地政学的システムは、東西大国のヘゲモニー対立のもとでアラブ諸国家体制（オスマン朝の帝国的秩序がヨーロッパ列強によって主権国家体制へと転換されたもの）として形成されてきた。だが、米国のヘゲモニー低下やポスト蓄積体制とグローバル戦争レジームを背景に、この圏域秩序が今大きく再編されつつあるのだ。第二に、欧米諸国内において、イスラエル軍事侵攻を擁護する（ウクライナ支援との関係ではダブルスタンダード）世論がかつてないほど強まっていることは見逃されてはならない。シオニズムひいてはイスラエル政府への批判を反ユダヤ主義として封じ込めるイデオロギーの背景には、とりわけ欧米諸国におけるイスラモフォビアの高まりがある。つまり、イスラームの本質に「ユダヤフォビア」を見てとる、反・反ユダヤ主義という形態をとったアラブ／パレスチナ人に対するレイシズムである。[220] 以上の二つの要因を、それぞれ簡単にではあるが、検討しておこう。

新たな地域覇権をめぐる地政学的対立については「新しい中東」構想に言及しないわけにはいかない。これは、2023年10月7日のガザ蜂起に先だってネタニヤフ政権が打ち出していたものである。東地中海でここ数十年来相次いで発見されている天然ガス油田を開発し、アラブ諸国と輸出協定を結ぶことで、「新たな経済回廊」を構築するものだった。[221]

219　ハーリディー（2023）114頁
220　須納瀬淳（2024）「脱歴史化の政治——イスラエル、フランス、パレスチナ」『現代思想』第52巻2号、青土社
221　鵜飼哲（2024）「「新しい中東」以後——「裁き」から「革命的平和」へ」『現代思想』第52巻2号、青土社

すでに第一次トランプ政権下においても、イスラエルと敵対的なアラブ諸国家（モロッコ、バーレーン、UAE、スーダン）との間で国交正常化（いわゆるアブラハム合意）がなされている。アラブ諸国家の多くはこれまで、建て前としてではあれパレスチナの大義を支持する立場からイスラエルと国交がなかった。だが、近年これらの諸国家とイスラエルとの和解や協調が進んでいた背景には、化石資本に依存するアラブ諸国がより収奪的な蓄積体制を追求する動きがある。

イスラエルもまた、ハイファ港の民営化や、ヨルダン川と東地中海を結ぶ大運河計画を打ち出していた。特に今回のガザ侵攻後の2024年5月に打ち出された「ガザ復興計画2035」は、2023年に米国が打ち出した「インド・中東・欧州経済回廊（IMEC）」に合致するものだった。IMECは、中東の空白地帯に鉄道を建設し、新たな港湾を開発することで、中国の「一帯一路」に対抗する地経学的プロジェクトである。このように戦争レジームは、中東地域での物流やサプライチェーンといった資本の流通を加速度的に再編する梃子となっているのだ。

反植民地主義闘争の形態を問う

イスラモフォビアが欧米諸国で高まっている背景には、イラン・イスラーム共和国やシリアを庇護者とする「レジスタンス枢軸」、つまりはグローバルなイスラーム主義（レバノンのヒズブッラーやイエメンのホーシ派）の台頭がある。シオニズムへの批判が特にヨーロッパ諸国において反ユダヤ主義として封殺される理由には、数々のテロ事件などを契機に、米国から欧州へと拡大していったイスラモフォビアがあるのだ。

元来、イスラーム主義（政治的イスラーム）とは、欧米の植民地主義に対抗するなかで、公的領域にイスラームの価値を復権させる運動のことである。イスラーム主義は、イランのイスラーム国家化（1978年）以降に勢力を拡大し、ムスリムたちのあいだでトランスナショナルなコミュニティ感情を生み出した。[222] だが、冷戦構造（とくに1979年にアフガニスタンで開始された対ソ連戦争）を背景に、政治的イスラームの一部急進派（社会改良主義ではなく、国家中心主義を掲げる潮流）の中から、武力やテロリズムによって体制転換を目指す、過激なジハード主義が登場した。[223] こうしたジハード主義は、21世紀になると「イスラーム国」の登場により、中東地域を超えて世界中で「グローバル化」していくことになる。[224]

いわゆる「グローバル・ジハード」は、ヨーロッパ諸国において、とりわけ難民危機以降、「西洋文明を守れ」という極右運動を活性化させる火種となった。もちろんこれは宗教対立や

222 ガッサン・ハージ（2022）『オルター・ポリティクス』明石書店、42頁
223 マフムード・マムダーニ（2005）『アメリカン・ジハード』岩波書店、199頁
224 末近浩太（2018）『イスラーム主義』岩波新書、193頁

「文明の衝突」などではなく、イスラエル＝欧州と中東諸国〔とりわけシリアやイラン〕の国家間対立が背景にある。[225]だが、アラブ民族主義の勢いがあった1960年代と異なり、現代の反植民地闘争は、パレスチナの抵抗運動がそうであるように、イスラーム主義の武装勢力によっておもに担われていることを無視すべきではない。つまり、パレスチナの抵抗運動を民族独立の反植民地主義闘争と理解するだけでは不十分なのだ。

　私たちは、もちろん反植民地主義の**内容**を全面的に支持するわけだが、それと同時に反植民地主義の闘争**形態**そのものを問わねばならない。セディージョが述べているように、グローバル戦争レジームのもとでは、かつてのような世俗的マルクス主義ではなく、メシア的契機が植民地主義への対抗暴力を促進している。[226]ここでのメシア主義とは、世俗的な秩序におけるカオス状態が、メシアの到来によって原状回復され、「神の国」が実現されるというイデオロギーのことである。[227]たしかに、武装闘争を解放運動の中心に据えるハマースの抵抗運動は、被植民者の人間性を作り替え、ナショナルな自己意識を創造するというフランツ・ファノンの暴力論を想起させるものだ。[228]マルムが強調するように、「アルジェリアの民族解放戦線やマウマウ反乱〔ケニアの反植民地主義闘争〕、ナット・ターナー反乱〔1831年の黒人奴隷蜂起〕、ハイチ革命、セポイの乱、トゥパク・アマル〔1780年のペルーにおける原住民〕の反乱など、ほんの数例を挙げるだけでも、それらのいくつかは、植民地支配者の民間人に対する凄惨な集団暴力に帰結したのであり、パレスチナ人がこれまで行使した暴力を遥かに凌駕するものだった[229]」。

現在、これらの民族独立革命や奴隷解放運動は世界史的な出来事として記念されている。だがそれでもなお、私たちは反植民地主義闘争のメシア的契機が、軍国主義や神権政治へと転化することに反対しなければならない。かつてアルジェリアの独立戦争（1954－62）に身を投じたファノン自身が次のように述べている。「解放戦争において、植民地化された人民は勝たねばならない。しかも〈蛮行〉なしに、きれいに勝たなければならない。〔……〕後進国の人民は、もし西洋諸国民から道徳的に非難されたくないとすれば、フェア・プレーをおこなわなければならない、敵が平然として新しいテロ手段の無限な開発へと進んでいくその間にも」[230]。イスラモフォビアによって正当化されている現代のシオニズム（セトラーコロニアリズム）に対抗するためには、グローバルなジハード主義（神権政治と軍事主義の結合）と反植民地主義のトランスナショナルな解放闘争を切り離すことが肝心だ[231]。グローバルな戦争レジームに

225　須納瀬（2024）
226　R. S. Cedillo (2023) »La guerra y los momentos mesiánico, anticolonial y antifascista«, in Diario Red
227　白井亜希子（2012）「メシアの救出――ヴァルター・ベンヤミンのメシアニズムをめぐる研究への一寄与」一橋大学大学院社会学研究科博士論文
228　S. Sen (2020) *Decolonizing Palestine: Hamas between the Anticolonial and the Postcolonial*, Cornell University Press
229　A. Malm (2024)
230　フランツ・ファノン（1984）『革命の社会学』みすず書房、6頁
231　M. Kaminer (2024) »After the Flood: A Response to Andreas Malm«, in Verso Blog

おいては、反植民地主義のメシア的契機が軍事化あるいは国家化することを妨げるような、新しい形態の国際連帯が必要となるだろう。

おわりに　新たな国際主義のために

「リヴァイアサン2・0」と呼ぶべき再主権化する21世紀において、それでもなお現代の社会革命を展望するならば「自律性の政治」が出発点となる。20世紀のマルクス主義は、社会革命の手段としての政治的権力の奪取を最重要課題とする、主権的思考モデルに陥った。「現存社会主義」の権力作用もあって、無国家社会という19世紀の社会主義者が掲げたユートピアが忘却されてしまったのだ。だが、第一部で述べたように、21世紀の私たちは、あくまでも社会革命という最終目的を強調したユートピア社会主義、そしてそのアナキズム的思考モデルに立ち返る必要があるだろう。

政治革命の観点から国家による社会主義を主張した主権的思考モデルは、国家消滅を社会革命の最終目的とするアナキズム的思考モデルとは決定的に対立するものだった。とりわけ「現存社会主義」の崩壊以降、反グローバリゼーション運動は、政治的権力による社会変革という考え方から距離をとるために、19世紀のユートピア社会主義の思考モデルに回帰していった。それを端的に示しているのが、未来社会のあり方を自らのうちに予め示しておかなければならないという「予示的政治 prefigurative politics」という理念だ。

「予示的政治」とは、社会運動や政治的組織において水平的ネットワークや直接民主政の原理を採用するものだと一般には理解されている。しかし、その意義は、前衛的な政党を排した新たな社会運動の実践といった次元を超え出ている。それは、資本と国家を超越した社会的ユートピアを先取りするようなコミュニズムのポリティクスにほかならない。

ポピュリズムやグリーン・ニューディールといった「政治の自律性」を掲げる左派は、オキュパイ運動や街頭デモに見られる「素朴政治」を否定し、左派が国家主権を取り戻す必要性を強調してきた。[232] オアハカやロジャヴァ、ノートル＝ダム＝デ＝ランドといった現代のコミューン運動も、資本主義システムの全面的な変革に至っていないという点で、たんなるユートピアだとしばしば非難される。しかし、ユートピア的思考モデルは、現代の社会革命を展望するうえで決して手放してはならないものだ。現代の「予示的政治」は、協同組合的な生産システムを基礎とする政治的組織あるいはコミュニティが、国家権力に対抗するなかでそれとは別のコミューンを先取りするような実践なのである。コミュニズムは、まさに社会的ユートピアを「予示」したコミューン運動なのであり、その基礎上でのみ資本と国家のシステムに対抗すると同時に、それを超越することができるのだ。

だが、資本と国家に抗するコミュニズム、つまり「自律性の政治」は、主権国家システムに代表される地政学的領域において現実化する余地が本当に残されているのだろうか。ネグリとハートがかつて強調したように、国家間対立を超えてマルチチュードが協同組合やコミューンのネットワークを全世界的に構成することなど果たしてできるのか。しばしば散発的な地域運動になりがちな「予示的政治」は、グローバルなレベルで展開する「資本の」主権に対抗する力をもたなければ、資本蓄積や国家権力の論理に容易に侵食されることになる。これは、社会主義的ユートピアを実践する予示的政治がつねに直面してきたジレンマである。惑星主権下で戦争状態が永続化する21世紀においては、マルクスら社会主義者たちが生きた19世紀以上にインターナショナリズムを構築、あるいは構想することさえも困難になっているのだ。しかも、ポスト蓄積体制における戦争レジームは、より多極的な、圏域間の地政学的対立というシュミット的世界を生み出している。

だが、このグローバル戦争レジームを、つねにすでに構成された国家間対立として、つまり明確な国境（ボーダー）に固定された体制とみなすことはできない。[233] 第二部でみたように、国家

232　ウィリアム・ミッチェル、トマス・ファシ（2023）『ポスト新自由主義と「国家」の再生――左派が主権を取り戻すとき』白水社

233　S. Mezzadra & B. Neilson（2024）»Per un nuovo internazionalismo. Considerazioni preliminari«, in *Alternative per il socialismo*, n. 71

や資本の権力の基礎にはマルチチュードの多元的な構成的行為が存在しており、さまざまな社会運動や直接行動が決定的な役割を果たしているからだ。グローバルな資本の流通（サプライチェーン）に対抗するには、かつてのマルクス主義のような国民的形態の国際主義（インターナショナリズム）ではなく、非国民的な形態の国際主義（トランスナショナリズム）を構築する必要があるだろう。だが、グローバル戦争レジームに抗する新しい国際主義は、たんなる世界市民（コスモポリタン）的な普遍主義ではなく、特殊で地域的な根拠をもたねばならない。[234] もちろんそれは、シュミット的な「大地のノモス」とは異なる、マルチチュードの具体的な生－政治的行為によって生み出される。そして、この新たな国際主義は、戦争レジームのもとで再編される「資本の主権」に抗するという意味において、平和を構成するような連帯でなくてはならない。

新たな国際主義を構想する具体的な抵抗基盤となるのが、歴史的に構築されてきたパレスチナの民衆運動である。そもそもパレスチナ／イスラエル紛争は、占領地という地理的に特定された環境に結びついたものであると同時に、地理的境界を越えたグローバルな政治という文脈においてはじめて理解できるものだった。[235] アパルトヘイト下の南アフリカと異なり、圧倒的多数のパレスチナ人はすでに、イスラエル国内やヨルダン川西岸地区、東エルサレムなどから追放され難民化している。また、オスロ合意の帰結から明らかになったように、たんにパレスチナの民族自決権を主張するだけでは、イスラエルの軍事「占領」や入植地を所与の前提とした、暫定自治政府の承認に終わってしまうだろう。欧米諸国とアラブ諸国家からなるポストコロニアル国家間システムに支えられた、強固なセトラーコロニアリズムに抗するには、国境設定に縛られることのない国際主義が求められる。私たちは、異次元のジェノサイドを21世紀になっても止められなかったわけだが、世界史レベルのセトラーコロニアリズムに終止符を打つためには、非国民的なパレスチナ連帯闘争、つまり「グローバルなパレスチナ運動」がただちに構築されなければならない。

私たちは、パレスチナ抵抗運動を「民族独立」というフレームワークから離れて「自律性の政治」として読み解く必要がある。近年のパレスチナで反植民地主義闘争が軍事化している背景には、1987年以降の二度のインティファーダ（パレスチナ人の一斉蜂起）の成功と挫折があった。現代のように武装闘争によってパレスチナの解放を目指すことは、抵抗運動の歴史において決して主流であったわけではない。

第一次インティファーダとはどのような出来事であったのか。この大規模な大衆蜂起が生じた背景には、レバノンを拠点とするパレスチナ解放機構（PLO）を弱体化させるためにレバノン南部に侵攻し、ヨルダン川西岸地区とガザ地区を併合するという大イスラエル主義があっ

234　Hardt & Mezzadra (2024)
235　J. Collins (2007) »Global Palestine: A Collision for Our Time«, in *Critique: Critical Middle Eastern Studies*, Volume 16

た（２００６年、そして今回のガザ戦争で拡大しているヒズブッラーへの攻撃は30年以上の歴史をもつ）。イスラエルのレバノン侵攻（１９８２年）は、歴史的なシオニズム＝セトラーコロニアリズムに抗するパレスチナ人の闘争を激化させることになった。なかでもインティファーダは、ＰＬＯなどの政治指導部とは無関係に突発的に始まったものだが、あらゆる階層によって担われた下からの抵抗運動であり、幅広い支持層を獲得した。236 この抵抗運動では特に、投獄された男性にかわって女性が指導的な立場を占め、デモやストライキ、ボイコットなどの独創的な市民的不服従と非暴力・非武装を中心とする戦術が採用された。ハーリディーが強調するように、第一次インティファーダは、60年代から70年代にかけてのパレスチナ武装闘争とは対照的に、イスラエル国内と国際世論に働きかけることを意図するものだった。

第一次インティファーダを受けて結ばれたオスロ合意のもと、入植地拡大とガザでの経済封鎖が加速すると、ＰＬＯに対する大衆の不満を受けてハマースが勢力を伸ばしていく。第一次インティファーダ以降に結成されたハマースは、エジプトのムスリム同胞団のパレスチナ支部から派生した組織であり、もともと社会改良を中心とするイスラーム主義団体だった。ハマースは、国家樹立のために外交路線に舵を切っていたＰＬＯに代わって、パレスチナ全土の領有権を主張し、武装闘争を解放運動の中心に据えるようになった。

オスロ合意後に占領支配の下請機関に成り下がったＰＬＯとハマースの抗争が激化すると、国家樹立の見込みが薄れたことも相まって、第二次インティファーダ（２０００年）が勃発する。第一次とは対照的に第二次では、最初の蜂起においてイスラエル軍が非武装のデモ隊に破壊行為を繰り返したことが契機となり、イスラーム主義団体の軍事化、ひいては自爆攻撃を中心とするジハード主義が台頭した。こうした「インティファーダの軍事化[237]」とイスラエル軍の攻勢によって、イスラエルは、オスロ合意で撤退した都市部の占領地を再度占領することになった。そればかりか、第一次インティファーダによって国際社会で形成された、パレスチナ人に対する肯定的なイメージが奪われたという意味でも挫折であった[238]。

ジハード主義は、パレスチナ民衆の反植民地主義闘争を分断し、国際社会におけるイスラモフォビアを助長することになった。とりわけ欧米諸国においては、イスラーム主義そのものがアルカイダやイスラーム国といった急進派と容易に混同されてしまうのだ。結果として、「対テロ戦争」を名目に、入植者であるイスラエル国家の暴力性が隠蔽され、その権力がよりいっそう強化されたのである。

だが、インティファーダ、とりわけ第一次における非暴力・非武装の市民的不服従は完全に途絶えたわけではない。第一次トランプ政権のエルサレム首都承認をきっかけに組織された、ガザの経済封鎖に抵抗する「帰還大行進」（2018年3月30日〜）もまた、民衆主体の非暴力

236　ハーリディー（2023）207頁以下
237　ジルベール・アシュカル（2008）『中東の永続的動乱』柘植書房新社、216頁
238　ハーリディー（2023）256頁以下

直接行動であり、各イスラーム主義団体もゼネストの実施を互いに競い合ったという。[239] また、2005年に開始され、グローバルサウスを含めた世界的なネットワークをもつBDS（イスラエルに対するボイコット・資本撤退・制裁を求める）運動の存在も忘れてはならない。こうしたインティファーダの歴史的展開を理解するために、私たちはパレスチナ／イスラエル紛争をグローバルな文脈に位置づける必要がある。

ハーリディーによれば、BDSに代表される「グローバルなパレスチナ運動」は、近年PLOやハマースよりも多くの成果を出しており、この運動自体が、政治的イスラームの急進派、とりわけ反植民地主義闘争のジハード化に対する痛烈な批判となっている。BDS運動は、2023年10月以降に世界各地でガザ戦争への抗議運動が生じたことで再び活性化したが、三つの課題のうち手薄であった「制裁」というアジェンダに本格的に取り組むことになった。BDS運動の世界的な広がりをうけて、2023年12月には南アフリカ政府が、イスラエルのガザ攻撃はジェノサイド禁止条約違反であるとして、国際司法裁判所（ICJ）に提訴した。その結果、2024年に入ってICJの「措置命令」が出されると、スペインやイタリア等でもイスラエルに対する武器禁輸の措置がとられるようになった。[240] とくに米国の大学では、4月以降に、オキュパイ運動やBLM運動の流れを汲んだ「ガザ連帯キャンプ」による座り込み運動が各地で展開され、大学の金融資産をイスラエルの軍需産業から撤退させることが要求事項となっている。[241]

ただし、グローバルなパレスチナ運動を発展させるうえで、イランやシリア、ヒズブッラーといったイスラエル国家に対する「レジスタンス枢軸」を歓迎するような国家中心主義は回避しなければならない[242]。米国のヘゲモニー低下による中東独自の圏域秩序の再編は、欧米諸国とは異なり、サウジアラビアやトルコといった地域大国のあいだでガザ戦争の即時停止を求める動きを活性化させている。だが、第三部でみたように、戦争レジームのもとでの軍事同盟や外交関係のリセットは、エコシステム的カオスにおいてより収奪的な蓄積体制を可能とする資本の空間的再編を試みたものである。たしかに、イスラエル軍の度重なる軍事侵攻や日常的な入植者による襲撃を考慮すると、それに抗する反植民地主義闘争が軍事主義や神権国家という形態をとる余地は大きくなる一方だ[243]。だが、タレク・バコーニが指摘するように、パレスチナの政治的解放という目的を達成するためではあれ、戦術的な手段としてジハード主義に依存することは、パレスチナ人社会の抵抗基盤そのものを侵食する可能性がある[244]。また、近年の政治的

239　役重善洋（2019）「帰還大行進——ガザの市民社会を支え、変革を主導する女性たち」『市民の意見 NO.173』
240　役重善洋（2024）「転換期にあるBDS運動」『パレスチナ／イスラエルの〈いま〉を知るための24章』明石書店
241　Endnotes & Megaphone (2024) »The Encampments for Gaza Interviews with Participants«, in Endnotes
242　Hardt & Mezzadra (2024)
243　山本健介（2024）「ハマースとガザ」『パレスチナ／イスラエルの〈いま〉を知るための24章』明石書店
244　T. Baconi (2018) *Hamas Contained: The Rise and Pacification of Palestinian Resistance*, Stanford University Press, con.

イスラーム急進派の武装闘争は、化石燃料関連の資金によってファイナンスされているばかりか、[245]紛争が激化するごとにますます暴力手段を蓄積している。つまり、グローバルなジハード主義は、非国家的ネットワークであるにもかかわらず、戦争レジームそのものを再生産しているにすぎないのだ。

エコシステム的カオスのポスト蓄積体制においては、土地や自然資源の採取・領有をめぐり、気候リヴァイアサン（グリーン資本主義）と気候ビヒモス（化石資本）の対立が前景化する。マルチチュードの生－政治的行為とは異なり、テロリズムやジハード主義による「パルチザンの闘争」（シュミット）は、国家主権に根ざした気候ビヒモスを補完する勢力にほかならない。他方で、欧米のグリーン資本主義は、生産のデジタル・トランスフォーメーションと脱炭素化によって気候変動に適応しようとするが、レアメタルを中心とする原材料とエネルギー需要を急速に増大させている。[246]この「緑の採取主義」（ブラント＝ヴィッセン）は、消費される原材料を削減するものではなく、化石資本に対抗する装いのもと、たんに消費される原材料を転換しているにすぎないのだ（電力需要の増加を見越して、巨大テック企業が化石資本や原子力エネルギーに回帰する動きも見逃してはならない）。エコロジー危機に適応する大国のヘゲモニーは、グリーン資本であれ化石資本であれ、戦争や国家を介した天然資源の採掘や土地の再配置を追求せざるをえない。

「資本の帝国」は、エコシステム的カオスとして、国家間対立はもちろん、新たに再編された圏域秩序どうしの地政学／地経学的対立を増大させることになる。したがって、新たな国際主義が「資本の帝国」において対抗権力を構成するためには、化石資本の廃止や再生可能エネルギーの自律的組織化を試みるだけでは不十分である。セディージョが述べているように、「エネルギーの生産と分配」の国家中心モデルを克服することで「採取主義」そのものを否定する必要があるだろう。ポスト蓄積体制において戦争や国家が資本の権力を構成する限り、マルチチュードの生－政治的行為は、非国家的な組織形態をとらなければならないのだ。

だが、グローバル戦争レジームに抗する新しい国際主義は、たんにコスモポリタニズムを否定したローカリズムではありえない。つまり、それぞれの領域（テリトリー）と場所に根付いた抵抗運動と反乱でありながら、同時に、領域横断的であらゆる場所において再現されるような遍在性をもたねばならないのだ。[247] ベローニカ・ガーゴが鮮やかに描き出したように、[248] 21世紀の

245 Kaminer (2024)
246 U. Brand & M. Wissen (2024) *Kapitalismus am Limit: Öko-imperiale Spannungen, umkämpfte Krisenpolitik und solidarische Perspektiven.*, Oekom Verlag, p.180.
247 Gago (2020) Ch.4
248 アルゼンチン版の「＃MeToo」運動とされる「Ni una menos（ニ・ウナ・メノス）」の活動家であり、邦訳論文に「身体－領土」『思想』（岩波書店、2021年）がある。「国際フェミニスト・ストライキ」に至る系譜については、廣瀬純（2023）『新空位時代の政治哲学』共和国、214頁以下を参照。

ラテン・アメリカ諸国では、「採取主義」に対抗するために、国境を越えた「フェミニスト・ゼネスト」による連帯が強固に築き上げられてきた。ガーゴによれば、「採取主義」はフェミニズムにとってたんに自然資源の採掘による「開発」を意味するものではない。それは、原住民の土地や生活を破壊し、女性の身体を搾取・支配するような政治的レジームなのだ。

ガーゴは、サパティスタ運動以来、「採取主義」に抵抗する急進的なフェミニズム運動が、土地に根ざした原住民の闘争と強い共鳴関係にあったと主張する。1994年1月に発効した北米自由貿易協定（NAFTA）に反対して武装蜂起したサパティスタ運動は、チアパスという具体的な場所において、国家と同時に資本に抗する「予示的政治」を実践してきたことで知られる。メキシコ政府による継続的な包囲と軍部の諜報活動などによってサパティスタの自治政府はすでに弱体化しているが、そのラディカルな闘争は、「採取主義」に抗する原住民の土地闘争と結びつきながら、非国家的な抵抗形態を編み出す想像力を世界各地でかき立て続けた。

新しい国際主義は、国民国家の枠組みを前提とした国際連帯や、何か均質的で統一的なプログラムを掲げるものでは決してない。「多くの運動の運動」や「私たちは至る所にいる」をメタファーにして、それぞれの場所と状況に応じた、多様で異質な闘争形態として生成するほかないだろう。あらゆる場所で必ず生まれるようなものでないにしても。

あとがき

本書は、博士論文をもとに２０２３年に上梓した研究書『国家に抗するマルクス――「政治の他律性」について』（堀之内出版）の続編にあたる。筆者が大学を卒業した２０１０年頃は、現在と違ってマルクス主義に対する風当たりもまだ強く、21世紀の「新しいマルクス」像を描いた入門書なども少なかった。大学院に進学した理由はマルクスを原典で一から学び直そうと考えたからだが、一橋大学の社会（科）学部では「社会思想史」講座が開講されており、近代ドイツの哲学や思想を専門とする多くの研究者が集まっていた。

もともと政治学や現代思想に興味があった筆者がマルクスを本格的に研究しようと思ったのは、日本で社会運動にコミットするなかでさまざまな葛藤や軋轢を経験したからだ。大学に入って社会問題を勉強する友人たちと巡り逢い、最初は戦後補償や平和問題といった市民運動、そして三・一一以降には反原発運動や反レイシズム運動に深く関わるようになった。だが、日本社会では21世紀に入って新自由主義化と右傾化が急速に進み、リベラルや左派の退潮が決定的なものとなった。社会運動の側も、熱意あふれるだけの若者（？）の力ではどうしようもないほど課題が山積していた。学生時代の自分からは想像できないことだが、研究者として生計を立てるために大学で教壇に立つようになり、改めて当時をふりかえるとそう思うことがある。

各国で政治体制や諸制度、階級闘争の状況が異なるにもかかわらず、21世紀は世界金融危機以降、世界中で新自由主義に対抗する政治的左派や新しい社会運動が展開した。中南米各国では左派政権（いわゆる「ピンク・タイド」）が成立し、2010年代には北アフリカ・中東諸国で民主化運動の「アラブの春」が吹き荒れ、南欧や欧米においても左派ポピュリズムの政治運動が台頭してきた。こうした21世紀のラディカリズムは、日本の社会運動においても共有されていなかったわけではない。だが、2011年の東日本大震災と福島第一原発事故は、日本社会を世界のポスト資本主義運動の潮流からおおきく孤立させることになった。本書が主なターゲットとして想定したのは、資本主義のシステムを超克するという展望がなかなか見えない日本社会で、絶望の先にそれでもラディカルな希望を見いだそうとする若い世代だ。

コロナ禍の2020年以降にドイツで在外研究をするようになってから、筆者は日本の社会運動から距離を置くようになった。ドイツでは友人たちの支えや新たな出会いもあり、日本の言論空間や社会運動を相対化するような多くの経験を積むことができた。ベルリンやライプツィヒでは、1968年の議会外反対派の流れを汲む、数多くのアンティファやアウトノーメの左翼活動家・知識人たちと交流した（かれらのなかには反ユダヤ主義との対決を理由に明示的にイスラエルとの連帯を掲げる者もいたが）。そんななかで、日本の左派やマルクス主義者たちのあいだで根強く残る、政治中心主義とりわけ国家や政党に対する幻想を明確に言葉にできるようになった。

筆者はこれまで、マルクス研究史において欠落していた国家論や世界市場論などを研究テーマとしてきたが、最近ではマルクス研究のフレームワークそれ自体を脱構築する必要性を感じている。つまり、マルクス自身の思想は19世紀の競合した「社会革命」家たちの言説空間において再考しなければならない、ということだ。新たな資料に基づく文献学的研究によって、「国家に抗する」とか、「人新世」のエコロジーといった新しいマルクス像を提示するだけでは不十分である。マルクスが、彼の生きた時代に、誰（盟友エンゲルスのみならず）とともに、どのような闘争を繰り広げたのか。今では想像することさえ不可能となっているような新しい未来をなぜ展望しえたのか。その複雑で重層的な言説の地平を浮かび上がらせることが、21世紀になおも社会変革を志すような人びとにとって役立つのではないかと考えている。

本書は、2021年4月に、知人である角田裕育さんの紹介で知り合った編集者の唐沢暁久さんから、「資本主義と民主主義」をテーマにしてマルクスに関する新書を書いてみてはどうかと打診いただいたことに端を発する。博士論文の書籍化や翻訳の作成、勤務先の大学業務などで筆が遅々として進まないなか、刊行までに4年もの長い歳月が流れてしまった。本書は、一般書という形式をとりながらも、『国家に抗するマルクス』で積み残した課題に取り組み、主権や地政学といったマルクス研究の分野ではほとんど未開拓のテーマを扱った。幸いなことに、『国家に抗するマルクス』刊行後に国内の研究会や海外の学会で書評やコメントをいただく機会があり、マルクスの経済学批判や国家論の限界を本書で再検討するうえでの一助となった。「わかりやすい解説書」という当初の構想からは大幅に逸脱してしまったが、唐沢さんは筆者のわがままをいつも快く聞いてくださり、原稿の執筆が滞るなかで事あるごとに励ましてくださった。厳しい出版状況のなかで、そこまで読者層を見込めない思想書をこうして世に問うことができ、感謝してもしきれない思いである。

2024年10月
隅田聡一郎

本書はJSPS科研費若手研究「主権の批判理論を再構築する――マルクスとシュミットの邂逅をてがかりに」(JP23K12036)の助成を受けたものであり、その成果として刊行される。

【著者プロフィール】

隅田聡一郎（すみだ・そういちろう）

一九八六年生まれ。大阪経済大学経済学部専任講師。一橋大学大学院社会学研究科博士課程修了後、カール・フォン・オシエツキー大学オルデンブルク哲学研究科客員研究員、ベルリン・ブランデンブルク科学アカデミー客員研究員などを経て現職。単著に『国家に抗するマルクス――「政治の他律性」について』（堀之内出版、二〇二三年）、監訳書に『気候リヴァイアサン――惑星的主権の誕生』（堀之内出版、二〇二四年）。

N.D.C.311　210p　20cm
ISBN978-4-06-530410-5

21世《せい》紀《き》の国《こっ》家《か》論《ろん》
終《お》わりなき戦《せん》争《そう》とラディカルな希《き》望《ぼう》

二〇二五年三月三日　第一刷発行

著者　隅《すみ》田《だ》聡《そう》一《いち》郎《ろう》　©Soichiro Sumida 2025
発行者　篠木和久
発行所　株式会社講談社
東京都文京区音羽二丁目一二—二一
郵便番号一一二-八〇〇一
電話　〇三-五三九五-三五二二　編集
〇三-五三九五-五八一七　販売
〇三-五三九五-三六一五　業務
ブックデザイン　遠藤陽一（デザインワークショップジン）
印刷所　株式会社KPSプロダクツ
製本所　大口製本印刷株式会社
定価はカバーに表示してあります。Printed in Japan

KODANSHA